Das Magazin

Wüsteninsel

Fuerteventura ist die Wüsteninsel unter den Kanarischen Inseln. Man spricht von ihr oft als »ein Stück Sahara, das von der afrikanischen Küste abgesplittert ist«, was allerdings geologisch nicht stimmt. Wie alle Kanarischen Inseln entstand auch Fuerteventura durch einen untermeerischen Vulkanausbruch, was sich bis heute eindrücklich im Erscheinungsbild der Insel manifestiert. Der goldene Sand stammt allerdings wirklich aus der Sahara – er wird seit Jahrtausenden herübergeweht.

Die Insel präsentiert sich ihren Besuchern als eine wilde Naturschönheit. Alte Gebirgszüge und Vulkankegel werden von tiefen, trockenen *barrancos* (Schluchten) durchzogen. Die Küste wirkt mit ihren Dünenzügen lieblicher, nur an manchen Stellen haben Wind und Wetter bizarre Formen geschaffen. Weite Gebiete der Insel werden als *malpaís* – wörtlich: schlechtes Land – bezeichnet: Hier wachsen auf der schwarzen, verbrannten und rissigen Vulkanerde nur ein paar Flechten. Auf Lanzarote ist es gelungen, ähnlich unwirtliches Land landwirtschaftlich in Wert zu setzen, doch herrschen dort andere geologische Bedingungen.

Vor dem Einzug des Tourismus verlangten das raue Klima und die kargen Böden den Inselbewohnern einiges ab, sie konnten sich nur mühevoll

Ziegen werden Fuerteventura hoch geschätzt (oben)

Der Wind ist ei[n] wichtige Energ[ie]quelle auf der Insel (links)

**NATIONAL
GEOGRAPHIC**

FUERTEVENTURA

Inhalt

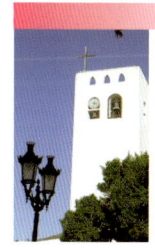

Autor: Paul Murphy
Gesamtproduktion: Cambridge Publishing Management Ltd,
Cambridge, England

Aktualisierung: Paul Murphy
Aktualisierung unter der Leitung von:
Bookwork Creative Associates

„NATIONAL GEOGRAPHIC" ist eine eingetragene Marke der National
Geographic Society. Deutsche Ausgabe lizensiert durch
NATIONAL GEOGRAPHIC DEUTSCHLAND
(G+J/RBA GmbH & Co KG), Hamburg 2009
www.nationalgeographic.de

Unsere Autoren haben nach bestem Wissen recherchiert.
Trotzdem schleichen sich manchmal Fehler ein,
für die der Verlag keine Haftung übernehmen kann. Hinweise,
Verbesserungsvorschläge und Korrekturen
sind jederzeit willkommen. Einsendungen an:
E-Mail: spirallo@nationalgeographic.de oder
NATIONAL GEOGRAPHIC SPIRALLO-Reiseführer,
MAIRDUMONT GmbH & Co KG,
Postfach 3151,D-73751 Ostfildern

Original 2nd English Edition
© Automobile Association Developments Limited
Kartografie: © Automobile Association Developments Limited 2008
© KOMPASS-Karten GmbH, A-6063 Rum/Innsbruck
Covergestaltung und Art der Bindung
mit freundlicher Genehmigung von AA Publishing

Herausgegeben von AA Publishing, einem Unternehmen der
Automobile Association Developments Limited, Fanum House,
Basing View, Basingstoke, Hampshire RG21 4EA, UK
Handelsregister Nr. 1878835.

Farbauszug: Leo Reprographics
Druck und Bindung: Leo Paper Products, China

A03694

ihren Lebensunterhalt sichern. Doch die *majoreros*, wie die Einwohner von Fuerteventura umgangssprachlich genannt werden, legen einigen Einfallsreichtum an den Tag. Auf den Feldern nutzte man den Wind, um Hunderte von *molinos* (traditionellen Windmühlen), *molinas* (Windmühlen auf Gebäuden), Wasserpumpen und Windturbinen zu betreiben. In der brennenden Sonne reifen

Trotz des unwirtlichen Bodens können die Bauern dem Land ihren Lebensunterhalt abtrotzen

Ja, wo sind die denn alle?

Fuerteventura ist die am geringsten besiedelte Insel der Kanaren, im Durchschnitt wohnen zwölf Personen auf einem Quadratkilometer. Die Bewohner konzentrieren sich vor allem auf die Ostküste. Ein Großteil der Westküste ist Wüste und nur über Pisten und Staubstraßen zugänglich; der Nordteil der Halbinsel Jandía ist mit Ausnahme von Cofete gänzlich unbewohnt. Freunde des FKK freuen sich über die unbesiedelten Küstenabschnitte – abseits der Ferienzentren kann man häufig auf Strandbekleidung verzichten.

Doch die Zeiten haben sich geändert. Ein Reiseführer aus den 1960er-Jahren beschrieb Fuerteventura noch als eine unter Armut leidende Insel – heute kaum noch vorstellbar angesichts der mit Urlaubern gefüllten Strände von Corralejo. Hier wird viel Geld für einen Kiteboard-Kurs, ein stilvolles Essen in einem der zahlreichen Restaurants der Stadt und die Übernachtung in einem der 4- oder 5-Sterne-Hotels bezahlt.

So sehen sich die Inselbewohner heute vor neue Herausforderungen gestellt: Waren es einst die schwierigen naturräumlichen Bedingungen, die eine Landwirtschaft so mühselig gestalteten, müssen sie sich heute mit der Frage auseinandersetzen, wie man den Tourismus positiv zum Nutzen der Insel gestalten kann, ohne dabei die eigene Kultur zu zerstören. Die Öffnung von *casas rurales* und *hoteles rurales* (ländlichen Pensionen und Hotels) sowie Projekte wie das kürzlich eröffnete Freilichtmuseum Ecomuseo de La Alcogida halten viele für den richtigen Weg hin zu einem kontrollierten Ausbau des Tourismus. Dennoch bereitet die ständig wachsende Zahl an Ferienunterkünften in El Cotillo und Corralejo vielen Inselbewohnern Magenschmerzen. Noch ist Fuerteventura in weiten Teilen der Insel sehr ursprünglich.

Der Tourismus hat die Insel neu belebt

die berühmten kanarischen Tomaten, die von hier nach Nordeuropa exportiert werden. Angesichts der Kargheit überrascht es auch nicht, dass vor allem Ziegen auf Fuerteventura als Nutztiere gehalten werden. Noch vor wenigen Jahrzehnten wurden die ausdauernden Kamele als Arbeitstiere eingesetzt, heute sind sie vor allem eine touristische Attraktion. Ein hartes Los haben auch die Fischer, die auf dem unwirtlichen Atlantik ihren Lebensunterhalt verdienen müssen. Die vielen Schiffswracks zeugen von der enormen Kraft des Atlantiks, die so stark ist, dass an der Westküste die Fangflotten nur im Sommer auslaufen können.

Heuschrecken auf der Speisekarte

Es wird nicht nur Sand aus der Sahara herübergeweht, sondern neben Zugvögeln auch Heuschreckenschwärme vergleichbar mit biblischen Plagen. Im Jahr 2004 überfielen Millionen Heuschrecken *(langostas)* die Insel. Die für die Menschen zwar harmlosen Tiere zerstörten die Ernte und verscheuchten die Urlauber von den Badestränden. Man kann diesen gefräßigen Gesellen allerdings den Garaus machen, und so hat man 2004 die entsprechenden offiziellen Broschüren mit Ratschlägen verteilt – es waren sogar ein paar Kochrezepte darunter: Mit Knoblauch frittiert sollen sie recht gut schmecken!

Guanchen, Majoreros und Konquistadoren

Jean de Béthencourt kam 1402 erstmals nach Fuerteventura

Als der französische Baron Jean de Béthencourt 1402 erstmals seinen Fuß auf Fuerteventura setzte, war er vom Zivilisationsstand der Inselbewohner überrascht. Diese standen hinsichtlich ihrer Kleidung und Frisuren und der verwendeten Techniken zivilisatorisch im Vergleich zu Westeuropa auf einem niedrigen Stand. Er beschrieb ihre Gesellschaften als primitiv, ihre Gesetzgebung als sehr einfach und die Strafen als sehr drakonisch. So wurde zum Beispiel einem Straftäter der Schädel mit schweren Felsen zermalmt. Gleichzeitig beschrieb er die Inselbewohner aber auch als ein friedliches Volk mit hohen moralischen Werten. So hielten die mit Béthencourt reisenden Priester in einer Chronik fest: »Man kann auf der ganzen Welt suchen, aber nirgendwo wird man edlere und bessere Menschen finden ... Unterweisung nahmen sie offen entgegen.« In die

Was in einem Namen steckt

Ursprünglich hieß die Insel Erbania. Der Name bezog sich vermutlich auf die Mauer (berber. bani), die beide Königreiche trennte. Forte Ventura ist erstmals auf einer Landkarte von 1339 verzeichnet. Der Legende nach soll Béthencourt bei seiner Landung »Qué fuerte ventura« – »Welch ein großes Glück« gesagt haben. Eine weitere Erklärung leitet sich aus den spanischen und lateinischen Wörtern für »starker Wind« (fuerte = span. stark; ventus = lat. Wind) ab.

Geschichtsbücher gingen die Inselbewohner als Guanchen ein, ein Name, der später generell für die Urbevölkerung der Kanaren verwendet wurde. Fuerteventuras Bewohner wurden auch als *majoreros* (sprich: machoreros) bezeichnet – vermutlich wurden sie nach den Höhlen (*majos*) benannt, in denen sie lebten. Eine alternative Deutung hält die Bezeichnung für eine Ableitung von *mahos* – der Bezeichnung für Schuhe aus Ziegenfell.

Der Ursprung der Guanchen

Man geht davon aus, dass die Inselbevölkerung ursprünglich von Berbern abstammt, die zur Zeit der Römer aus Marokko nach Fuerteventura segelten (Karbonbestimmungen deuten auf das 1. oder 2. Jh. v. Chr. hin). Sie waren vermutlich vom Stamm der Canarii, der schließlich dem gesamten Archipel seinen Namen verlieh. Die Menschen hausten in Höhlen und niedrigen Häusern, wie es viele Inselbewohner noch bis heute tun, hielten sich Ziegen und ernährten sich von Meeresfrüchten und Getreide. Die Canarii fertigten einfache Töpfereiwaren an und tätowierten sich mit geometrischen Mustern. Für diese verwendeten sie Tonstempel (*pintaderas*), die wahrscheinlich auch dazu benutzt wurden, in den Kornlagern die Behälter der verschiedenen Eigentümer zu kennzeichnen.

Die Insel teilte sich in zwei Königreiche: Die Halbinsel Jandía stand unter der Herrschaft von König Guize, Maxorata (die übrige Insel) wurde von König Ayoze regiert. Béthencourt zeichnete auf, dass eine niedrige, etwa 1 m hohe Mauer die Insel bei La Pared durchzog und so die beiden Reiche voneinander abgrenzte; Spuren davon finden sich bis heute. Wissenschaftler vermuteten, dass es auch Verteidigungstürme gab, von denen jedoch keine Reste erhalten blieben.

Béthencourt selbst war mit zwei großen Zielen auf die Insel gekommen. Zum einen wollte er herausfinden, von wo der sagenhafte »Goldstrom« aus der Sahara kam, zum anderen

Die *Majoreros*, die Ureinwohner Fuerteventuras, lebten vor allem in Höhlen

Gewinn für die Spanier

Hätte der französische Hof die Abenteuer Jean de Béthencourts unterstützt, würden die Bewohner der Kanaren heute vermutlich französisch sprechen. Die Franzosen weigerten sich aber, Béthencourts Vorhaben zu finanzieren, und so trug der Ritter sein Anliegen in Kastilien vor. Dort wurde er unter der Bedingung unterstützt, dass die eroberten Territorien an Spanien fallen würden.

Spuren der Majoreros

Es wird oft behauptet, dass Fuerteventura die reichste der Kanarischen Inseln sei – zumindest, was die Zeugnisse der Ureinwohner angeht. Dennoch liegen die meisten davon versteckt oder dem normalen Touristen nicht zugänglich. Artefakte aus der Höhle bei Villaverde kann man jedoch im Museo Arqueológico y Etnográfico von Betancuria (► 72) bestaunen. Die bekannteste Stätte, die mit dieser alten Kultur in Verbindung steht, ist die Montaña Tindaya (► 57) mit Felsritzungen auf dem Gipfel.

wollte er die einheimische Bevölkerung zum Christentum bekehren. Da er auf Fuerteventura auf starken Widerstand stieß und keines seiner Ziele realisieren konnte, fuhr der französische Adelige schließlich wieder zu seinen Geldgebern nach Kastilien zurück, um Verstärkung zu holen. Als Béthencourt 1404 mit Konquistadoren zurückkehrte, musste er feststellen, dass die Bevölkerung bei Valtarajal (später: Betancuria) und Rico Roque (unweit von El Cotillo) Festungen errichtet hatte. Da die Inselbewohner jedoch nur mit Speeren und Knüppeln bewaffnet waren, waren sie leicht zu überwältigen. Viele starben an eingeschleppten Krankheiten. Im Januar 1405 ergaben sich die beiden Könige schließlich, die Bevölkerung folgte ihrem Beispiel. Die Sieger zeigten sich

großzügig, schenkten ihnen das Leben und gaben den Königen sogar Teile ihres Landes zurück. Dennoch war Fuerteventura von da an ein Außenposten des spanischen Kastilien.

Rund um die Montaña Tindaya stößt man auf diese eigentümlichen Felszeichnungen

AUF DIE WELLE!

Fragen Sie jemanden, der je mit einem Brett über die Wellen geritten ist, und er wird Ihnen bestätigen, dass Fuerteventura zu den besten Surforten der Welt zählt.

Grund dafür ist schlichtweg die Geografie der Insel: Die Kanaren profitieren seit je von starkem Passatwind und dem hohen Seegang rund um die Inseln. Schon seit Jahrhunderten verlassen sich die Seeleute auf diese zuverlässig wehenden Winde, die ihnen eine schnelle Fahrt garantieren – heute freuen sich die Wassersportfans über die starke Brise. Unterstützt wird dieser Effekt durch

die geografisch bedingten »Beschleunigungszonen«: Als solche gelten Berggipfel oder kleine Inseln, die die Luftströmung kanalisieren. Der so erzeugte Beschleunigungseffekt kann zu einer Verdreifachung der Windgeschwindigkeit führen. Auf Grund seiner Lage erlebt

man diesen Effekt an mehreren Stellen auf Fuerteventura – vor allem an der Sotavento-Küste von Jandía und im Norden rund um Corralejo. Windsurfen ist die Sportart Nummer eins auf der Insel; 1986 wurde an der Sotavento-Küste die erste Weltmeisterschaft ausgetragen. 2001 wurde daraus der Weltcup im Windsurfen und Kiteboarden. Dabei wurde einer neuen Wassersportart Rechnung getragen, dem Kitesurfen oder Kiteboarden. Das Kitesurfen (Surfen mit einem riesigen Lenkdrachen) in seiner gegenwärtigen Form nahm in den späten 1990er-Jahren seinen Anfang und wird als eine Mischung aus Windsurfen, Wellenreiten und Paragliden definiert. Drachensurfer benutzen einen Lenkdrachen aus leichtem Stoff, der sie bei einer Geschwindigkeit von bis zu 70 km/h über das Wasser zieht. Wahre Meister können an die 15 m hoch in der Luft fliegen und dabei verschiedene Kunststücke vollführen, bis sie dann rund 70 m von ihrem Ausgangspunkt entfernt wieder landen.

Surfen für Anfänger
Windsurfen

Ein Schnupperkurs in einer ruhigen Lagune mit hüfthohem Wasser kostet rund 60 Euro.

Wind und Wellen sorgen für perfekte Wassersportmöglichkeiten

Wann ist die richtige Jahreszeit?

Fortgeschrittene Windsurfer sollten im Sommer kommen, wenn ein starker Wind von den Hochdruckgebieten der Azoren zu den Tiefdruckgebieten der Sahara bläst. Für Anfänger dagegen empfehlen sich die Wintermonate, wenn der Wind schwächer ist.

Ein Drei-Tage-Kurs wird für rund 120 Euro angeboten und ist eine gute Möglichkeit, sich mit der Sportart etwas besser vertraut zu machen. Wer richtig Spaß am Surfen gewonnen hat, hat dann die Wahl zwischen einem Fortgeschrittenenkurs und dem Mieten eines eigenen Surfbretts.

Kitesurfen

Viele meinen, dass nur Surfer mit dieser neuen Trendsportart beginnen könnten. Das stimmt nicht, Surfern fällt das Erlernen aber sicher leichter. Wichtiger ist es eigentlich, zu wissen, wie man einen Lenkdrachen richtig führt und wie die Naturgesetze des Windes funktionieren. Durch das ausgeklügelte Leinensystem bedarf es auch keiner all zu großen Kraftanstrengungen der Arme. Ein achtstündiger Einführungskurs kostet rund 220 Euro.

Top-Veranstalter

Flag Beach Windsurf und Kitesurf Centre, Corralejo (► 64)
Pro Center René Egli K2 Wassersports Centre, Sotavento Beach, Jandía (► 106).

Surfer aller Klassen treffen sich hier

Wellenreiten

Fuerteventura ist auch eine beliebte Destination für Wellenreiter, die vor allem in den Wintermonaten (Oktober bis März) kommen, denn in dieser Zeit sind die Wellen höher und der Wind schwächer.

Islandboarders ist das einzige offiziell anerkannte Unternehmen; als Unterabteilung des Flag Beach Windsurf Center (siehe oben) verfügt es über 17 Jahre Erfahrung in dieser Sportart. Ein eintägiger Kurs kostet 45 Euro. Dabei werden den Schülern nach einer vierstündigen Einführung (mit Sicherheitshinweisen) die wichtigsten Paddel- und Standtechniken gezeigt. Nach Absolvieren des dreitägigen Anfängerkurses (110 Euro) sollten die Schüler auf einem Brett stehen können. Täglich werden drei bis vier Stunden im Wasser die Standtechniken geübt, weitere Schritte sind die Kontrolle des Bretts, Paddeln und Überlebensmaßnahmen.

Auskunft erteilt www.islandboarderssurfschool.com

Eine weitere renommierte Schule ist die Quicksilver Surf School bei Corralejo. Sie wurde 1994 von Joachim Hirsch ge-

gründet, dem deutschen Longboard-Meister aus dem Jahr 1999 und Mitglied der nationalen Surfmannschaft – siehe www.quicksilver-surfschool.com

Wenn man nicht gerade der geborene Surfer ist, sollte man sich ein paar Tage lang einweisen lassen. Auch wenn das Lernen körperlich anstrengend ist – der Erfolg stellt sich sicher ein.

An der ganzen Küste entlang finden sich zahlreiche Wassersportschulen

Karneval und Fiestas

Auf den Kanaren wird im Frühjahr Karneval (*carnaval*) gefeiert. Gran Canaria und Teneriffa wetteifern um die größten Umzüge, und da wollen die anderen Inseln natürlich nicht nachstehen.

Die größten Karnevalsfeiern auf Fuerteventura finden in Corralejo und Puerto del Rosario statt, doch verfällt eigentlich die ganze Insel in eine Art Karnevalstaumel. Die Termine sind von Jahr zu Jahr verschieden, generell geht es aber neun Wochen vor Ostern los, also etwa Anfang bis Mitte Februar, und zwar mit der *Verbena de la Sábana* (Betttuchfete). Die Teilnehmer ziehen sich dazu ein Bettlaken über. Anschließend werden die Karnevalsprinzessin und die Kinderkarnevalsprin-

Die ganze Insel feiert mit Feuereifer Karneval

zessin gekürt. Der Höhepunkt der Feierlichkeiten ist der Freitag vor Faschingsdienstag, wenn die Drag Queen gewählt wird – ein als Frau verkleideter Mann. Am nächsten Tag findet dann der farbenfrohe Umzug statt. Auf den Straßen wird zu heißen Salsa-Rhythmen getanzt, den Durst löschen schier unerschöpfliche Menge an Cuba libre, der an zahllosen Ständen angeboten wird.

Zu den Eigenheiten des Inselkarnevals gehört, dass sich die Männer stets als Frauen verkleiden. Wer schon das seltsam findet, sollte die Zeremonie am Ende der Feierlichkeiten abwarten: Mit der so genannten »Beerdigung der Sardine« wird das Ende der Karnevalszeit und der Beginn des Frühlings samt der Fastenzeit und Abstinenz gefeiert. Dabei wird am Aschermittwoch eine riesige Sardine aus Pappe im Rahmen eines fingierten Trauerzugs unter den Klagen der schwarz gekleideten Trauernden durch die Straßen getragen. Wenn der Zug einen bestimmten Punkt am Hafen erreicht, wird in der Sardine ein Feuerwerk entzündet, die dann in alle Einzelteile verblasen wird.

Alle verkleiden sich, und dann geht auf den Straßen die Post ab

Tipps

Wer in der Karnevalszeit nach Fuerteventura reist, sollte viel Feierlaune und ein Kostüm mitbringen – je bunter und extravaganter, desto besser.

Um wirklich mitzuerleben, wie die Kanarier Karneval feiern, nimmt man einfach ein Flugzeug nach Las Palmas (▶ 127ff) auf Gran Canaria, dort finden die größten Umzüge statt.

Termine und Veranstaltungen siehe www.fuerteventura.com

Andere Feierlichkeiten auf der Insel gedenken des Namenstags eines Heiligen oder der heiligen Jungfrau Maria (*Nuestra Señora*). Im Mittelpunkt der Prozession steht die jeweilige Heiligenfigur oder Jungfrau Maria, die von bekannten Gemeindemitgliedern zusammen mit Musikanten in Tracht durch die Straßen getragen wird. Bei den größeren Fiestas kommen Festwagen, Straßenstände mit lukullischen Genüssen und als Höhepunkt ein abschließendes Feuerwerk dazu. Zu den bedeutendsten Fiestas zählt die *Romería* (Wallfahrt) zur Er-

FIESTA

Fuerteventura – England 1:0

Am 13. Oktober feiern die Einheimischen den Tag, an dem sie den Engländern 1740 eine schwere Niederlage beibrachten: Dabei stellen sie die Schlacht von Tamasite in der Nähe von Tuineje nach. Englische Freibeuter griffen bei Tuineje an und wurden von 37 Einheimischen in die Flucht geschlagen. Bei den Kämpfen kamen 30 Engländer ums Leben, außerdem fünf Einheimische. Eine erbeutete Kanone steht heute vor dem Archäologischen Museum in Betancuria, ein Gemälde in der Kirche von Tuineje erinnert ebenfalls an den eindrucksvollen Sieg.

mita Virgen de la Peña, der Schutzheiligen von Fuerteventura, die in Vega de Río Palmas am dritten Septemberwochenende verehrt wird.

Bei der Fiesta de Nuestra Señora del Carmen am 16. Juli in Corralejo und Morro Jable ehren die Fischer ihre Schutzheilige im Rahmen einer far-

benprächtigen Bootsprozession, die von einheimischen Fischern mit der Statue der heiligen Jungfrau angeführt wird.

Am dritten Sonntag im August füllt sich der alte Hafen von El Cotillo mit Booten und Schiffen zu Ehren der Nuestra Señora del Buen Viaje.

Von Wallfahrten bis hin zu Umzügen mit Booten werden das ganze Jahr über Fiestas gefeiert

ESSEN UND TRINKEN

Die typisch kanarischen Gerichte kommen aus der Küche der Bauern und Fischer – herzhafte Eintöpfe und einfacher Fisch vom Grill. Internationale Gerichte finden sich dennoch auf fast jeder Speisekarte, vor allem in Ferienorten wie Caleta de Fustes, Jandía Playa und im neuen Stadtteil von Corralejo. Viele Restaurants bieten eine gute Mischung aus kanarischen und spanischen Gerichten an. Probieren Sie eine Auswahl an Tapas (verschiedene Vorspeisen), wie man sie vom spanischen Festland kennt – sie sind an sich schon eine köstliche Mahlzeit.

Mojo und Papas

Typisch für die Kanaren sind *mojo picón* und *mojo verde*. Mojo picón – wörtlich: pikante Soße – ist die schärfere Variante und wird aus Chilischoten, Knoblauch, Kreuzkümmel, Paprika und Essig zubereitet. Beide Soßen kommen kalt auf den Tisch und werden in der Regel zu Fleischgerichten und *papas arrugadas* (wörtlich: runzelige Kartoffeln) gereicht, die ebenfalls zu den Grundnahrungsmitteln der Kanaren zählen. Es

Spanische Gerichte wie *pinchos* (oben) und *paella* (unten) bekommt man überall

handelt sich dabei um kleine neue Pellkartoffeln, die in viel Wasser mit Meersalz gekocht werden. Sie sind köstlich und schmecken keineswegs salzig. *Mojo verde* (grüne Soße) ist die mildere Soßenvariante mit Koriander anstatt Chili und wird gern zu Fisch gereicht.

Spezialitäten der Insel: Fleisch und Käse

Die Ziege ist das Symbol von Fuerteventura (▶ 24f) und erscheint in jeder erdenklichen Form auf der Speisekarte. In den meisten Restaurants gibt es Ziegenkäse *(queso de cabra)* als Vorspeise, meist zusammen mit Tomaten. Alternativ wird er paniert und ausgebacken und dann mit Quittengelee *(membrillo)*, Palmhonig *(miel de palma)* oder auch *mojo verde* serviert. Man sollte auf der Speisekarte bei den Spezialitäten nach *cabrito* (Zicklein) schauen, das entweder gebraten, gebacken oder als Eintopf *(compuesta)* auf den Tisch kommt. Ein weiteres Ziegengericht ist *higado de cabra frita* (gebratene Ziegenle-ber). Einige Restaurants bieten Ziegen- oder Zickleineintopf nur am Sonntagmittag an; er muss in der Regel auch vorbestellt werden. *Conejo* (Kaninchen) ist ebenfalls beliebt und wird entweder in einem Tomateneintopf *(al salmorejo)* oder gebraten *(frito)* serviert.

Argentinische Spezialitäten

Steaks aus Argentinien sind bei den Insulanern sehr geschätzt. Spezielle Restaurants bieten auch Würstchen sowie Rinds- und Schweinsrouladen an. In einigen Cafés gibt es *arepas*, würzige Maispfannkuchen, und in Corralejo lässt man sich argentinisches Toffee-Gebäck als Nachtisch munden.

Fisch von der Insel

Der preiswerteste Fisch ist in der Regel der *corvina* (Adlerfisch). Doch probieren Sie auch einmal die etwas teureren Fische: *cherne* (Barsch), *vieja* (Papageifisch), *sama* (Meerbrasse) oder *gallo* (Petersfisch). Häufig stehen auch *atún* (Thun-

Frische Waren auf dem Markt zu kaufen ist viel reizvoller als der Einkauf im Supermarkt

fisch), *pez espada* (Schwertfisch), *merluza* (Seehecht) und
lenguado (Seezunge) auf den
Karten der Fischlokale. Beliebt
ist die spanische Vorspeise
gambas al ajillo (Garnelen in
zischend heißer Knoblauch-
soße). Zur *paella*, dem spanischen Nationalgericht, gehören
Muscheln, Garnelen und oft
Kaninchen.

Zum Nachtisch etwas Süßes

In den traditionellen Lokalen
beschränkt sich die Auswahl
an *postres* (Desserts) in der Regel auf *flan* (spanische Kara-
mellcreme) oder *helado* (Eis).
In den modernen spanisch-ka-
narischen Restaurants sollte
man jedoch nach Folgendem
Ausschau halten: hausgemach-
ter Käse- und Apfelkuchen
oder *frangollo*, das aus aus *gofio*
– siehe unten – sowie getrock-
neten und in Sirup getränkten
Früchten hergestellt wird.
Bienmesabe ist ein Nachtisch
aus Mandeln, Eigelb und
Zuckersirup mit der Konsis-
tenz von Honig, oft werden Eis
oder Bananen dazu serviert.

Leche asada ist eine Art Pudding mit Zitronengeschmack, und *leche frita* entspricht im Stil der Crème Caramel.

Schwere Zeiten für Vegetarier

Es ist schwierig, auf Fuerteventura wirklich rein vegetarische Kost zu finden. Selbst in Gerichten wie *potaje de berros* (Wasserkressesuppe) oder *garbanzos compuestos* (Kichererbseneintopf) ist Schinken oder Schweinefleisch enthalten. In den moderneren Restaurants ist man noch am besten bedient.

Gofio

Gofio – Mehl aus gemahlener gerösteter Gerste oder Mais bzw. Weizen – zählt seit der Zeit der Guanchen (►9ff) zu den Grundnahrungsmitteln aller Kanarier. Die Inselbewohner essen es als Brei oder als eine Art Polenta, verwenden es aber auch, um Suppen und Eintöpfe zu binden. Mit etwas Glück finden Sie auf der Speisekarte Traditionsgerichte wie *gofio escaldado* (mit Fischbrühe), *helado de gofio* (Gofio-Eis) oder auch *mousse de gofio*.

Getränke

Auf Fuerteventura wird etwas Wein gekeltert, doch stammt der meiste Wein aus Spanien oder Lanzarote. Von der Nachbarinsel stammt auch der berühmte *malvasia*. Versuchen sollte man auch einmal *ronmiel* (Honig-Rum), eine kanarische Spezialität, die aus Palmhonig gemacht wird.

Für den kleinen Hunger

Selbst im kleinsten Café oder in einer Bar an der Ecke bekommt man einen leckeren *bocadillo de lomo*, eine Art Baguette mit Schweinelende, Käse und Tomaten. Der beste Kaffee stammt dagegen aus Italien, besonders empfehlenswert ist die Marke Tonino Lamborghini.

Weitere kanarische Spezialitäten

Potaje oder *puchero canario* – ein herzhafter Eintopf mit Fleisch und Gemüse, der in der Regel mit Gofio-Knödeln serviert wird.
Rancho canario – ein Eintopf aus Fleisch, Kartoffeln, Kichererbsen, Tomaten und Nudeln.
Ropa vieja – wörtlich: »alte Kleidung«; gemeint ist ein Eintopf mit Fleisch, Kichererbsen und allem möglichen Gemüse, das der Küchenchef gerade zur Hand hat.
Sancocho – gepökelter Fisch und Kartoffeleintopf.

Kanarische Weine (oben)

Pause für eine Portion Tapas (links oben)

Das angerichtete Essen lässt einem das Wasser im Munde zusammenlaufen (links unten)

Köstliche Tapas und Vorspeisen

Albóndigas: Fleischbällchen

Calamares: frittierte Tintenfischringe

Chorizo al vino tinto: Paprikawurst in Rotwein

Croquetas: Kroketten, oft mit Püree gefüllt

Gambas: Garnelen

Jamón serrano: luftgetrockneter Schinken; Pata negra ist die beste, allerdings auch teuerste Sorte

Mejillones: Muscheln

Pimientos: gefüllte, oft auch pikante Paprika; sie werden manchmal in mildem Schmelzkäse serviert.

Pulpo: Tintenfisch

Tortilla: Kartoffelomelett

Fuerteventura
für die ganze
Familie

Mit seinen kilometer-
langen Stränden ist
Fuerteventura ein Para-
dies für Kleinkinder,
doch auch größere Kids
kommen hier auf ihre
Kosten, wenn sie erste
Unterrichtsstunden in
einem der vielen Was-
sersportarten nehmen.

Windsurfen

Kinder ab zehn Jahren können
Unterrichtsstunden im Wind-
surfen nehmen. Empfehlens-
werte Unternehmen sind Flag
Beach im Norden (► 64),
René Egli im Süden (► 106)
und das Fanatic Fun
Centre in Caleta de Fustes.
Mit den Anfängern gehen
die Lehrer zunächst in
ruhige Lagunen: bei Risco
del Paso im Süden, bei El
Cotillo im Norden und am
Strand von Caleta de Fustes.

Wellenreiten

Bodyboarden (oder Boogie-
boarden) ist der erste Schritt,
um zu lernen, wie man surft.
Kinder können damit anfan-
gen, sobald sie sich im Wasser sicher fühlen. Überall auf
der Insel werden in den Geschäften Bodyboards verkauft
– verkürzte Surfbretter, auf
die man sich legen kann. Die
einzigen Strände, an denen

**Kinder haben
am Strand ihren
Spaß, lieben
aber auch den
Kamelritt oder
die tropischen
Vögel**

Besucherattraktionen

Wenn es Ihren Kindern Spaß macht, Vögel
und andere Tiere zu sehen – samt Show und
Kamelritt –, dann eignet sich der Oasis Park
von La Lajita (► 93ff) perfekt, um einen Tag
in diesem tropischen Ambiente zu verbringen. Der einzige Wasserpark der Insel befindet sich in Corralejo im Baku-Komplex; jede
Menge Unterhaltung für die ganze Familie
wird hier angeboten (► 49).
   Kegelbahnen gibt es in Caleta de Fustes
und Corralejo.

Surfboarden betrieben wird,
sind allerdings El Cotillo und
Flag Beach im Norden. Gute
Schulen sind Islandboarders
und die Quicksilver Surf
School, die beide in Corralejo
ansässig sind. Kinder dürfen
ab zehn Jahren
Unterrichtsstunden nehmen.

Tauchen

Auch bei dieser Sportart liegt
das Mindestalter bei zehn Jahren. Empfehlenswerte Schulen
in Corralejo sind das Corralejo
Dive Centre und das Punta
Amanay Dive Centre (▶ 27).

Wo man für sich alleine ist

Ein Ausflug zur Isla de Lobos
(▶ 51f) ist auch für Kinder
ein spannendes Abenteuer.
Die größeren können sich als
Inselforscher betätigen, die
Kleinen spielen im seichten
Wasser der Bucht.

Drachen steigen lassen

Das Internationale Drachen-Festival steht dem Karneval
nur hinsichtlich der Farbenpracht nach. Es wird seit
1992 alljährlich am zweiten Oktoberwochenende in
den Dünen von Corralejo abgehalten. Die besten
Drachenlenker Europas sind mit von der Partie; Höhepunkt ist der Nachtflug am Samstag. Dann bieten die
erleuchteten Drachen eine faszinierende Show. Jeder
kann am Freitag teilnehmen, wenn fachkundige Lehrer
zur Verfügung stehen. Man muss nur seinen eigenen
Drachen mitbringen, dann ist man stets willkommen.

Vorsicht vor der Sonne!

Wer auf einen Sonnenschirm, eine Liege, einen Im-
bissstand, Duschen und Toiletten am Strand Wert
legt, dem steht nur eine begrenzte Auswahl an Orten
zur Verfügung. Corralejo, Caleta de Fustes, Costa Calma und Morro Jable verfügen über die entsprechende
Infrastruktur. Viele Strände sind bescheidener ausgestattet. Die schönsten Strände für kleinere Kinder
finden Sie in Playa de la Concha auf der Isla de
Lobos und an der Lagune von El Cotillo.

Kirchen

Kirchen zu besichtigen, steht bei Kindern meist
nicht hoch im Kurs, aber vielleicht begeistern sie
sich für eine Darstellung des Jüngsten Gerichts. In
der Iglesia de Santa Maria in Betancuria ist ein
Gemälde mit einem kürbisförmigen Monster, das in
der Hölle die Seelen verspeist, besonders amüsant.

Wo die wilden Tiere warten

Fuerteventura verfügt vielleicht nicht gerade über viele einheimische Tierarten, doch gibt es drei Lebewesen hier, mit denen so ziemlich jeder Tourist Bekanntschaft macht.

Wenn es auf Fuerteventura ein Nationaltier gibt, dann ist es die Ziege (*cabra*). Die widerstandsfähigen Tiere finden noch auf dem dürftigsten Gelände etwas zu fressen – von Dornbüschen auf Felsgeröll bis hin zu ein paar stacheligen Hölzern in den Sanddünen. Insgesamt leben 60 000 Tiere auf der Insel und damit fast so viele wie Menschen. Ziegen werden seit der Zeit der Guanchen in Herden gehalten und vielfältig verwertet. Ziegenfleisch steht auf jeder Speisekarte, aus den Häuten wurde früher Kleidung gefertigt, und aus ihrem Magen machte man Beutel, um darin *gofio* (▶ 21) aufzubewahren.

Insgesamt gibt es über 30 verschiedene Ziegenarten auf

Auf Fuerteventura leben etwa 300 Kamele ...

Achtung, springende Ziegen!

Verkehrsschilder mit einem anmutig daher springenden Wild in einem roten Dreieck warnen vor Ziegen. Dass das abgebildete Tier so wenig an eine Ziege erinnert, liegt daran, dass das Schild von den Behörden Fuerteventuras »von der Stange« gekauft wurde.

Fuerteventura: einfache weiße (*blanca*) und schwarze (*negra*) Arten, aber auch gefleckte *puipana colorada*. Kinder freuen sich über nette kleine Zicklein und sind beeindruckt von den ausgewachsenen Tieren mit ihren gedrehten Hörnern. In La Rosita bei Villaverde hat man gute Chancen, die Tiere zu Gesicht zu bekommen.

Kamele

Das Kamel, oder besser das einhöckrige Dromedar, wurde 1405 von den Normannen auf der Insel heimisch gemacht. Bis in die 1950er-Jahre nutzte man diese an das trockene, unwirtliche Gelände und Klima angepassten Tiere für die Feldarbeit und als Lasttiere. Im 16. Jh. gab es auf Fuerteventura etwa 4000 Dromedare, 1985 waren es nicht einmal mehr 30 Tiere. Heute liegt der Bestand dank des Tourismus und der Zucht im Oasis Park (► 93ff) wieder bei rund 300 Exemplaren. Dort trägt man sich mit dem Gedanken, die erste Kamelmilch-Molkerei in Europa zu gründen: Kamelmilch hat viel Protein, aber um 40 Prozent weniger Cholesterin als Kuhmilch, ist reich an Mineralien und Vitamin C und soll außerdem gut für die Leber und die Gesichtsfarbe sein. Im Oasis Park und in La Rosita kann man auf einem Dromedar reiten.

Erdhörnchen

Diese netten kleinen Gesellen sehen wie eine Mischung aus einem Backenhörnchen und einem grauen Eichhörnchen aus. Man sieht sie so ziemlich überall auf der Insel, wo es etwas zu essen gibt, sei es auf der Promenade von Morro Jable oder an den Aussichtspunkten im Landesinnern. Sie sind spaßig und sehr zahm; füttern sollte man die Erdhörnchen allerdings nicht, denn das bringt ihren natürlichen Sammelinstinkt durcheinander.

... und mehr als 30 verschiedene Ziegenarten!

Meeresleben

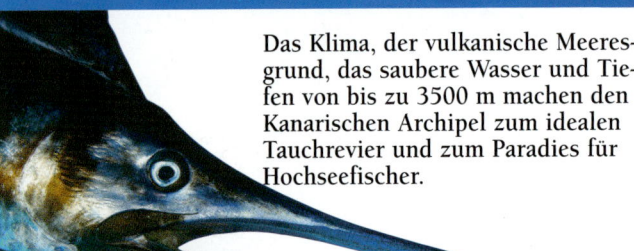

Das Klima, der vulkanische Meeresgrund, das saubere Wasser und Tiefen von bis zu 3500 m machen den Kanarischen Archipel zum idealen Tauchrevier und zum Paradies für Hochseefischer.

Am Kai von Caleta de Fustes kann man oft wahre Prachtexemplare von Fischen sehen, Puerte del Rosario rühmt sich, die größte europäische Meisterschaft im Hochseefischen zu veranstalten. Es gibt eine enorme Vielfalt an Fischen, darunter Rochen, Haie, Schwertfische, Albakoras, Großaugen- und Gelbflossenthunfische, den Echten Bonito, Blaufische, Barrakudas, Wahoos sowie den prestigeträchtigen Blauen Marlin. Vorkenntnisse sind nicht erforderlich – Anfänger werden gern mit der Information ermutigt, dass ein Weltrekord-Makohai mit 488 kg einst von einem Engländer gefangen wurde, der angeblich noch nie eine Angel in den Händen gehalten hatte. Der Fang gehört dem Kapitän, doch werden die meisten großen Sportfische mit einem Schild versehen und dann wieder freigelassen. Ein Tag Hochseefischen – in der Regel dauert der Törn rund

sechs Stunden – kostet etwa 50 Euro pro Person; es gibt Veranstalter am Kai von Caleta de Fustes, Corralejo und Morro Jable.

Wal- und Delphinbeobachtung

Es ist durchaus möglich, Wale und Delphine, Fliegende Fische und Schildkröten zu sichten, wenn man mit einem Ausflugsboot vor der Küste von Fuerteventura unterwegs ist. Zwei Unternehmen bieten Besichtigungsfahrten an: Dolphin Safari ist ein schnelles kleines Hochsee-Fischerboot, das von Corralejo (Tel. 686 725 327 oder Stand am Hafen) aus operiert. Das größere Unternehmen Oceanarium Explorer benutzt den längsten Katamaran auf der Insel (▶ 84). Die Veranstalter versprechen, dass bei 40 Prozent aller Ausflüge Delphine und Wale gesichtet werden,

Man kann auf Fuerteventura zum Hochseefischen gehen oder Wale und Delphine beobachten

Meeresschildkröten sogar in 95 von 100 Fahrten.

Tauchen

Alle Veranstalter bieten Anfängerkurse an, haben jedoch auch Tauchfahrten für erfahrene Taucher im Programm. Engelhaie und Rochen sind die Hauptattraktionen vor der Küste der Insel. Empfehlenswerte Tauchunternehmen sind Corralejo Dive Centre (Tel. 928/535 906, www.divecentre corralejo.com) und das Punta Amanay Dive Centre (Tel. 928 /535 357, www.punta-amanay. com). Die Tauchbasis in Corralejo ist die älteste auf der Insel und kann mit mehr als 25 Jahren Erfahrung und über 30 Tauchrevieren aufwarten. Das Mindestalter zum Tauchen liegt bei zehn bis zwölf Jahren.

Schnorchel-Safaris

Wer nicht tauchen kann oder will, kann auch an der Wasseroberfläche treibend die Unterwasserwelt genießen. Schnorchel-Ausfahrten bieten AquaVentura in Caleta de Fuste (Tel. 630 16 76 Mobil: 618 309 115, www.aquaven tura.biz) sowie Get Wet Snorkel Safari in Corralejo (Mobil 646 031 588 oder 660 778 053). Bei beiden Fahrten versprechen die Unternehmen, dass man Delphine, Schildkröten und Rochen zu

Gesicht bekommt. Nach einer abenteuerlichen Fahrt in einem schnellen Schlauchboot bekommt man einen Taucheranzug gestellt. Erfahrene Tauchbegleiter führen die Schnorchler zu den Stellen, an denen sich die Meerestiere regelmäßig blicken lassen. Get Wet legt an der Isla de lobos an. Die Exkursionen dauern insgesamt zwei bis vier Stunden, davon ist man eine Stunde im Wasser. Beide Veranstalter akzeptieren Kinder ab acht Jahren.

Boote mit Glasboden fahren zur Isla de Lobos (▶51f), zudem gibt es zwei »U-Boote«: Der Subsea Explorer in Caleta de Fustes in Jandía im Süden gehört zum Oceanarium Explorer Package (▶84), bietet Subcat Ausflugsfahrten an.

Ein weiterer empfehlenswerter Veranstalter ist Abyss Divers in Corralejo (Mobil 638 722 297; www.abyss-fuerteven tura.com).

Zu den empfehlenswerten Schulen unter deutscher Leitung gehören Deep Blue in Costa Caleta (Tel. 928 163 712, www.deep-blue-diving.com), Tauchschule Felix in Jandía (Tel. 928 54 14 18, www.tau chen-fuerteventura. com) und Easy-Diving in Costa Calma (Tel. 928 876 305, www.easy-diving.net).

Sowohl Schnorchel-Safaris als auch Tauchfahrten bringen unvergessene Eindrücke von der Unterwasserwelt vor Fuerteventuras Küste

Schiffswracks!

Die Wellenbrecher und starken Winde, die auf der Insel so extrem gute Wassersportbedingungen schaffen, sind für die Handelsschifffahrt katastrophal, und so sind in den letzten 20 Jahren vor Fuerteventura viele Schiffe gesunken. Zum Glück verloren nur wenige Menschen ihr Leben – die Schiffswracks in Küstennähe haben sich inzwischen zu viel besuchten Sehenswürdigkeiten entwickelt.

1987 spülte es die 1936 gebaute *Rose of Sharon*, einen Holzschoner mit zwei Masten, an den Strand von Jandía, wo er mehrere Jahre liegen blieb – das Symbol eines Schiffwracks schlechthin. Das Schiff avancierte zum inoffiziellen Wahrzeichen der Insel und tauchte sogar auf dem Cover einiger Reiseführer auf.

1995 strandete das um einiges weniger anmutige, 100 m lange Containerschiff *Jucar* vor der Küste von Aguas Verdes. 1999 lief dann die FV *Massira*, ein Hochseefischereischiff, nördlich von El Cotillo auf Grund und wurde ebenfalls eine beliebte Touristenattraktion.

Das größte und spektakulärste Wrack ist die SS *American Star*, die von 1993 bis

Ein Gemälde der *SS American Star* (oben) und ein aus dem Meer geborgenes Fundstück (unten)

2007 das inoffizielle Wahrzeichen der Insel war (inzwischen aber fast vollständig unter Wasser liegt). Ein dunkles Kapitel sind in diesem Zusammenhang die mit illegalen Einwanderern aus Afrika besetzten Schiffe, die in der letzten Zeit vor der Küste strandeten – zum Teil mit vielen Todesfällen. Diese Unfälle setzen sich bis heute fort, oft auch in direkter Strandnähe. 2007 sank schließlich ein Umweltschutzschiff im Hafen von Corralejo – zum Glück ohne Todesfälle.

SS *American Star*

Das Schiff begann 1939 sein Dasein als Luxusliner von 220 m Länge und 28 m Breite. Im Krieg beförderte es die amerikanischen Truppen, bis es 1963 wieder seine Fahrten über den Atlantik aufnahm und Emigranten von Großbritannien nach Australien transportierte. 1993 wurde das Schiff verkauft, um nach Thailand geschleppt zu werden. Dort sollte es als schwimmendes Hotel genutzt werden. Die kürzeste und einfachste Route führte damals durch den Suezkanal. Wie es scheint, zogen die Eigner es jedoch vor, die Gebühr zu sparen, und trafen die fatale Entscheidung, in einer sturmreichen Zeit an der afrikanischen Küste entlang zu fahren. Das Schiff lief rund 100 m vor der Westküste von Fuerteventura bei Playa de Gracey auf Grund und brach bald auseinander. Innerhalb weniger Tage nach dem Schiffbruch soll die Hälfte der Inseleinwohner dem Liner einen Besuch abgestattet und bei der Gelegenheit ein »Andenken« mitgenommen haben. Doch kaum jemand ging so weit wie die Besitzer des Café El Naufragio – er demontierte die kompletten Kabinen – sie können nun in Puerto del Rosario (► 75) bestaunt werden. Zu Tode kam bei dem Schiffbruch damals niemand, in der Folgezeit sind jedoch acht tödliche Unfälle passiert. Unter anderem wurde ein Mann von der Strömung an der Bruchstelle in die Tiefe gezogen, als er zum Wrack schwamm.

Im Café Naufragio von Puerto del Rosario kann man sich die alten Schiffskabinen und Schilder anschauen

Wussten Sie das?

Fuerteventura wird von einigen als ein Teil der Landmasse des mythischen Atlantis angesehen.

Ajuy war der erste Zipfel der Kanaren, der sich vor Millionen von Jahren aus dem Meer erhob. Gehen Sie an den Klippen in 100 m Höhe über dem Meer entlang. Der Sand zwi-schen den Felsen war ehedem der Strand.

Die ganze Insel ist entlang einer Ost-West-Achse gekippt. Deshalb ist die Westküste in der Regel felsig und die Ostküste flach.

Dem Fotografen und Historiker Jo Hammer zufolge haben die Ureinwohner Fuerteventuras gewundene Tempel aus Lavagestein errichtet. Sie hatten alle eine Statue in ihrer Mitte, die jeweils eine Kugel trugen. Diese Efequén, so wurden sie genannt, wurden von den Spaniern zerstört.

Der heilige Berg der Insel, der Mount Tindaya, soll seines »Herzens« beraubt werden, um einer Kunst-Installation Platz zu machen. Es gibt Pläne zur Aushöhlung des Berges in der Höhe eines zehn-stöckigen Hauses. Dadurch würde eine der größten Höhlen entstehen, die jemals geschaffen wurden.

Mein Fuerteventura

Fuerteventura pflegt seinen ganz individuellen, gelassenen Lebensstil. Zwei »Ausländer«, die mit großem Erfolg hier im Tourismusgeschäft tätig sind, berichten von ihren Erfahrungen, außerdem ein echter *majorero*, der es sich in den Kopf gesetzt hat, den Charakter der Insel zu bewahren.

Tiere, die bezaubern: María Lazaga Romero

Vor fünf Jahren war María Lazaga Romero noch eine erfolgreiche Rechtsanwältin in ihrer Heimatstadt Las Palmas auf Gran Canaria, gab ihren Beruf dann aber auf, um den La Lajita Oasis Park (► 93ff) in einer abgelegenen Gegend von Fuerteventura zu managen. Die Fortschritte, die der Park unter ihrer Leitung gemacht hat, sind beachtlich. Er zählt mittlerweile zu den größten Touristenattraktionen der Kanaren.

Wilde Wellen: Ben Thomas

Ben Thomas wurde ebenfalls auf Gran Canaria geboren, verbrachte seine Schulzeit aber in Cornwall. Ben ist der geborene Surfer. Er zog 1985 nach Fuerteventura und ist nun der Chef des Flag Beach Windsurf und Kitesurf Centre, des größten Unternehmens in Sachen Wassersport im Norden der Insel (► 64). »Als ich herkam, war hier praktisch gar nichts. Ich war ein Pionier, und ich glaube, dass ich noch immer der einzige ›Ausländer‹ bin, dem man auf Fuerteventura eine Genehmigung erteilt hat.« Heute hat Ben bis zu neun Angestellte, die ein internationales, mehrsprachiges Team bilden.

Mein Land, meine Heimat: Tintín Martínez

Tintín Martínez ist der Präsident der Umweltorganisation Mahoh, was so viel bedeutet wie »mein Land, meine Heimat«. Die Bewegung wurde Anfang der 1980er-Jahre ins Leben gerufen – eine Reaktion auf die Bauvorhaben in den Sanddünen von Corralejo. Nach einem großen Propagandafeldzug von Mahoh wurden die Dünen schließlich zum Nationalpark erklärt. Seitdem wurden 13 weitere Naturschutzgebiete ausgewiesen.

»Vor 20 Jahren habe ich mich nicht gegen sensible Baumaßnahmen gewehrt, aber heute setze ich mich für den totalen Stopp ein. Wir müssen aus den Fehlern lernen, die wir an der Küste begangen haben.« Tintíns kleines Hotel Rural Mahoh (► 62) ist das beste Beispiel – es passt perfekt in die Landschaft.

Einheimische und Ausländer sind mit Erfolg in den Tourismus eingestiegen

Fuerteventura
der Superlative

Die besten Stände für Kinder
- Caletillas (geschützte Lagunen) von El Cotillo (► 55ff)
- Playa la Concha, Isla de Lobos (► 51f)

Die besten ursprünglichen Strände
- Playa de Castillo und Playa del Aljibe de la Cueva, El Cotillo; Cofete, Schwimmen ist hier gefährlich.

Die besten Wassersport-Veranstalter
- Norden: Flag Beach bei Corralejo (► 64)
- Süden: René Egli bei Sotavento (► 104)

Die besten Tagesausflüge mit der Familie
- La Lajita Oasis Park (► 93ff)

Die beste Aussicht

- ✪ Von der Montaña de la Caldera auf der Isla de Lobos: Blick auf drei Inseln
- ✪ Von Mirador de la Morro, Betancuria: atemberaubendes Panorama über den Betancuria Naturpark
- ✪ Volcán de Bayuyo: Blick auf Corralejo und weiter zur Isla de Lobos und nach Lanzarote

Fünf Restaurants mit Flair

- ✪ *Casa de Santa María*, Betancuria (► 79)
- ✪ *Don Antonio*, Vega de Río Palmas (► 81)
- ✪ *El Camello*, La Pared (► 100)
- ✪ *Hotel Rural Mahoh*, Villaverde (► 62)
- ✪ *El Veril*, El Cotillo (► 59)

Das perfekte kleine Café

- ✪ Im Museo Artesanía in der Casa Santa María in Betancuria (► 79)

Das älteste "Zimmer"

- ✪ Die Höhle El Llano in Villaverde (► 56) entstand vor einer Million Jahren und wurde von den Guanchen als Unterschlupf genutzt.

Das beste Museum

- ✪ Das Ecomuseo de La Alcogida in Tefia (► 74) ist nicht nur eine Sammlung von staubigen Objekten, sondern erzählt die Geschichte der *majoreros*.

Drei Hotels mit Flair

- ✪ Hotel Rural Mahoh, Villaverde (► 62)
- ✪ Casa Isaítas, Pájara (► 82)
- ✪ Hotel Era de la Corte, Antigua (► 82)

Fuerteventura bietet Strand und Wassersport, aber auch tosendes Meer und traditionelle Restaurants

Der beste Wirt der Insel
✪ Omar, der argentinische Besitzer der Cotillo Sunset Apartments (►62)

Die besten Einkaufsmöglichkeiten
✪ Das Museo Artesanía in der Casa Santa María in Betancuria hat den besten Andenkenladen der Insel. Aber auch die Geschäfte in der Abflughalle des Flughafens sind gut.

Etwas zum Staunen
✪ Der Blick auf den Strand Risco del Paso vom Aussichtspunkt an der Straße in den Norden

Der »Ja, dass es sowas noch gibt«-Preis
✪ Er wurde der Isla de Lobos verliehen, weil man sich wie am Ende der Welt vorkommt; besonders die Urlauber aus Corralejo (►51f)

Das verfallenste Dorf
✪ Ein trauriger Wettkampf zwischen Cofete (►98) und El Puertito, Isla de Lobos (►51f)

Die gefährlichste Straße
✪ Von Morro Jable nach Cofete. Das letzte Stück ist eine steile Staubstraße, die sich in die Berge hinaufschraubt und am Ende praktisch nur noch einspurig ist (►97ff).

Der beste Spaziergang
✪ Auf der Isla de Lobos, wo man so tun kann, als sei man ein Naturforscher auf einer verlassenen Insel (►51f)

Das umstrittenste Projekt
✪ Montaña Tindaya Cube – es ist geplant, in den heiligsten Berg der Insel ein Loch zu bohren (►57).

Exponate traditionellen Kunsthandwerks im Centro Insular de Artesanía in Betancuria (oben) und der Blick aus der Entfernung auf die Isla de Lobos (unten)

Erster
Überblick

Ankunft

Ankunft am Flughafen von Fuerteventura

- Der **Aeropuerto de Fuerteventura** liegt 5 km südlich von Puerto del Rosario an der Ostküste (Tel. 928 860 500, www.aena.es).
- Die wichtigsten **Autovermieter** haben in der Ankunftshalle einen Schalter.
- Im Flughafen gibt es ein Café und einige Geschäfte, darunter auch ein Buchladen mit Landkarten von Fuerteventura.

Vom Flughafen in den Urlaubsort

- **Taxis** sind die schnellste, aber natürlich teuerste Lösung; sie fahren vor dem Flughafengebäude ab. Die offiziellen Preise sind an der Information bei der Gepäckausgabe angeschlagen (Taxi-Rufnummer 928 855 432).
- Es gibt mehrere in die Ferienorte fahrende **Busse**; sie halten vor dem Terminal. Bus 3 fährt nach Caleta de Fustes, Bus 10 nach Costa Calma und um Morro Jable. Wer nach Corralejo oder El Cotillo will, nimmt den Bus 1 oder 3 nach Puerto del Rosario und wechselt in den Bus 6 nach Corralejo bzw. Bus 7 nach El Cotillo. Bus 8 verbindet Corralejo mit El Cotillo.

Mietwagen am Flughafen

- Die Mehrzahl der bekannten Autovermietungen unterhalten am Flughafen ein Büro. Doch auch in den größeren Urlaubsorten sind die Firmen mit Büros vertreten.

Ankunft/Abfahrt mit dem Schiff

Teneriffa und Gran Canaria

- **Passagier- und Autofähren** von Puerto del Rosario nach Gran Canaria (Las Palmas), von Morro Jable nach Las Palmas, von Morro de Jable nach Teneriffa (Santa Cruz), von Corralejo nach Lanzarote (Playa Blanca), von Gran Tarajal/Puerto del Rosario nach Las Palmas werden von Naviera Armas (Tel. 902 456 500, www.naviera-armas.com) betrieben.

Lanzarote

- Passagiere aus Lanzarote (Playa Blanca oder Puerto del Carmen) kommen in Corralejo an und fahren auch von hier nach Lanzarote ab. Fred Olsen (Tel. 902 100 107, www.fredolsen.es) und Naviera Armas (Tel. 902 456 500) fahren täglich im Zweistundenrhythmus von 7 Uhr (erstes Schiff von Playa Blanca) bis 20 Uhr (letztes Schiff nach Playa Blanca).

Marokko

- Eine Fährverbindung von Naviera Armas zwischen Fuerteventura und Tarfaya in Marokko ist eingerichtet. Aktuelle Fahrpläne finden Sie unter www.naviera-armas.com

Touristeninformationen

- In den meisten Touristeninformationen wird Deutsch und Englisch gesprochen. **Informations- und Kartenmaterial** ist ebenfalls auf Deutsch und Englisch erhältlich.

Flughafen

- Es gibt eine Touristeninformation am Flughafen in der **Ankunftshalle**. Mo–Sa 9–20, So 10–17 Uhr im Winter; Mo–Sa 9–19, So 11–16 Uhr im Sommer (Tel. 928 860 604).

Urlaubsorte

- **Corralejo**, Playa Muelle Chico, Avenida Maritima 2. Mo–Fr 8–15 Uhr; Sa, So 9–15; Juli–Sept. 8–14 Uhr (Tel. 928 866 235, www.corralejograndesplayas.com). **Caleta de Fuste**, CC Castillo Centro, Calle Juan Ramón Soto Morales; Mo–Fr 9–14 Uhr (Tel. 928 163 286). **Jandía Playa/Morro Jable**, CC Cosmo Local 88, Mo–Fr 8–15 Uhr (Tel. 928 540 776). In Morro Jable gibt es an der Uferpromenade gleich beim Strand drei Kioske; einer hat 10–13 Uhr, die anderen beiden haben 10 bis 15 Uhr geöffnet.
- Der **Patronato Insular de Turismo** (Touristenbehörde der Insel) hat sein Büro in Almirante Lallermand 1, Puerto del Rosario; Mo–Fr 8–15 Uhr, Juni–Sept. 8–14 Uhr (Tel. 928 530 844).
- Weitere Informationskioske: **Antigua**, Hauptplatz; Mo–Fr 10–14 Uhr (Tel. 928 163 286). **Betancuria** (neben der Kirche); Mo–Fr 10 bis 14.30 Uhr. **Gran Tarajal**, Avenida Paco Hierro, gleich bei der Hauptpromenade; Mo–Fr 10–14.30, Sa 9–13 Uhr (Tel. 928 162 723)

Unterwegs auf Fuerteventura

Busse

- Das Busunternehmen **Tiadhe** betreibt moderne und bequeme Busse (Tel. 928 852 166, www.tiadhe.com). Die Verbindungen zwischen den Urlaubsorten und den verschiedenen Sehenswürdigkeiten sind allerdings unregelmäßig. An den Bushaltestellen und in den Touristeninformationen hängen Fahrpläne oder informieren Sie sich im Internet.

Taxis

- Taxis sind meistens weiß lackiert. Leuchtet das grüne Licht auf dem Dach, ist das Taxi frei.
- Innerhalb einer Ortschaft wird ein **Taxameter** eingeschaltet (ca. 47–58 Cent/km; tagsüber mind. 2,68 Euro, nachts mind. 3,21 Euro). Für Fahrten über Land muss der vereinbarte Fahrpreis **im Voraus** ausgehandelt werden.
- Als Richtlinie für den Preis kann die **Liste mit den Taxigebühren** im Flughafen (siehe oben) dienen.
- In den Ferienorten sowie in Puerto del Rosario gibt es Taxistände, man kann aber auch ein Taxi auf der Straße anhalten. Nachts empfiehlt es sich, vom Hotel aus ein Taxi zu bestellen.
- Taxi-Rufnummern: Corralejo: Tel. 928 866 108, Morro Jable: Tel. 928 541 257

Auto

- Zur Inselerkundung braucht man einen Mietwagen (siehe unten). Insgesamt macht das Autofahren Spaß, denn es gibt **wenig Verkehr** und die Straßen sind in gutem Zustand. Achten Sie immer auf die Geschwindigkeitsbegrenzungen!
- Beachten Sie, dass die Straße meist 20 cm höher als der Bankettstreifen ist, sodass man beim Verlassen der Straße leicht den Unterboden des Wagens beschädigen kann.
- In den Bergen sind Aussichtspunkte (*miradores*) eingerichtet, von denen aus man gefahrlos das schöne Panorama genießen kann.

Mietwagen

- **Internationale Mietwagenfirmen** haben am Airport eine Niederlassung.
- **Einheimische Firmen** bieten oft günstigere Tarife. Wer im Voraus ein Auto buchen will, kann das über Holiday Autos (aus Deutschland: Tel. 01805 17 91 91, www.holidayautos.de) tun.

- Zum **Mieten eines Autos** benötigt man seinen Führerschein und eine Kreditkarte. Alle wichtigen Dokumente sollte man zusammen mit den Mietwagenunterlagen immer bei sich tragen.
- Wer Staubstraßen und Pisten befahren will, muss einen **Jeep** bzw. ein **Fahrzeug mit Vierradantrieb** mieten. Alle Firmen bieten diese an, man sollte allerdings wegen der beschränkten Anzahl im Voraus buchen. Wer mit einem normalen PKW ungeteerte und unbefestigte Straßen befährt und dabei das Fahrzeug beschädigt, verliert seinen **Versicherungsschutz**; manche Unternehmen stellen außerdem ein Bußgeld von etwa 120 Euro in Rechnung, wenn ein PKW abgeschleppt werden muss. Über diese Regelungen sollte man sich vor Abschluss des Vertrages informieren.
- Angesichts der Temperaturen empfiehlt sich ein Wagen mit **Klimaanlage**.

Grundsätzliches zum Autofahren

- **Sicherheitsgurte** sind Pflicht für Fahrer und alle Mitfahrenden.
- Die **Promillegrenze** liegt bei 0,5 und für alle, die ihren Führerschein weniger als zwei Jahre haben, bei 0,3.
- Die **Geschwindigkeitsbegrenzung** beträgt auf Landstraßen 90 km/h, in Ortschaften 40 km/h.
- In den Bergen sollte man vor engen, schlecht einsehbaren Kurven **hupen**.
- **Benzin** ist erheblich billiger als in Mitteleuropa und auf dem spanischen Festland. Es gibt aber weniger Tankstellen, weshalb man vor allem vor Fahrten in die Berge rechtzeitig tanken sollte. Die Mehrzahl der Tankstellen akzeptiert Kreditkarten.
- Es gibt kaum Probleme mit **Autoeinbrüchen**, dennoch sollte man Wertsachen lieber im Hotel lassen oder im Kofferraum uneinsehbar verwahren.
- In jeder Stadt und in jedem noch so kleinen Dorf gibt es **Einbahnstraßen**, die oftmals schlecht ausgeschildert sind.
- **Blaue Linien** kennzeichnen gebührenpflichtige Parkplätze; **gelbe Linien** markieren ein generelles Parkverbot.

Eintrittsgelder

Die Eintrittsgebühren für Museen und andere im Text erwähnte Sehenswürdigkeiten sind in folgende Kategorien unterteilt:
preiswert = unter 3 € **mittel** = 3–6 € **teuer** = über 6 €

Übernachten

Die meisten Hotelzimmer und Apartments werden über Reiseveranstalter angeboten. Wer auf eigene Faust unterwegs ist, wird eventuell Schwierigkeiten haben, eine passende Unterkunft zu finden. In der Regel herrscht auf Fuerteventura jedoch ein Überangebot, sodass selbst in der Hochsaison und in der Ferienzeit eine passable Auswahl zu vernünftigen Preisen zur Verfügung steht.

- Auf Fuerteventura wird immer wieder für **Teilzeiteigentum** geworben. Auf Grund der vielen Neubauten nimmt die Anzahl der kriminellen Schlepper immer stärker zu. Seien Sie misstrauisch, wenn Sie auf der Straße angesprochen werden und man Ihnen kostenlose Ausflüge oder Gewinne anbietet. Meist handelt es sich um unseriöse Verkaufsstrategien von Maklern, die Grundbesitz verkaufen wollen. Unterschreiben Sie auf keinen Fall, bevor Sie Ihren Rechtsanwalt konsultiert haben, der in jedem Fall die Verträge prüfen sollte!

Hotels

- Alle Hotels sind mit einem bis zu fünf Sternen klassifiziert. In den Kategorien 3–5 Sterne sollten die Zimmer ein eigenes Bad haben.
- Die Hotels und Apartments in diesem Buch wurden auf Grund ihrer Qualität, ihres besonderen Flairs oder des guten Preis-Leistungs-Verhältnisses ausgewählt. In der Hochsaison (Ende Oktober bis April) schnellen die Preise generell in die Höhe. Eine zweite Hochsaison ist Ende Juli und August, wenn in Spanien sowie im übrigen Europa Schulferien sind. Wer kann, sollte auf die ruhigeren Monate Mai, Juni, Anfang Juli, September und Anfang Oktober ausweichen.

Apartments

- Apartments oder Ferienwohnungen werden mit einem bis drei Schlüsseln klassifiziert. Selbst das einfachste hat in der Regel ein Schlafzimmer, ein Bad, ein Wohnzimmer, eine kleine Küche und einen Balkon. Bettwäsche, Handtücher und der Zimmerservice sind meist im Preis inbegriffen. Fernseher, Wasserzubereiter und Toaster kann man gegen Gebühr mieten. Aparthotels sind Apartmentblocks mit allen Einrichtungen eines großen Hotels, z. B. Pool, Restaurant und Abendprogramm.
- Ferienwohnungen bucht man in der Regel von zu Hause aus, doch kann man auch einfach im jeweiligen Urlaubsort herumfragen und sich Verschiedenes ansehen.

Casas rurales

- *Casas rurales* sind Landhäuser und Bauernhöfe, die zu Ferienwohnungen oder Zimmern umgestaltet wurden und nun vermietet werden. Sie sind nicht übermäßig groß (max. 6 Personen) und liegen außerhalb der Ferienorte; man braucht also in der Regel ein Auto. Die Häuser sind rustikal eingerichtet, haben Stein- oder Holzböden und bieten ein gutes Preis-Leistungs-Verhältnis. Klimaanlage und andere moderne Annehmlichkeiten sollte man allerdings nicht erwarten. Wer auf etwas mehr Komfort Wert legt, sollte in eines der drei *Hoteles rurales* gehen, die meist etwas komfortabler ausgestattet sind (www.ecoturismocanarias.com/fuerteventura, in Deutsch).

Preise

Die Symbole beziehen sich auf ein Doppelzimmer oder ein Apartment mit einem Zimmer in der Hochsaison. Bei größeren Hotels können sie in der Regel heruntergehandelt werden.

€ unter 60 €   €€ 60–90 €   €€€ 91–120 €   €€€€ über 120 €

Essen und Trinken

Die meisten Restaurants auf Fuerteventura bieten kanarische Küche (▶ 18ff) sowie Steaks, Meeresfrüchte und traditionelle spanische Speisen. Frischen Fisch bekommt man generell überall.

Was man wo essen kann

- Ferienorte wie Corralejo, Morro Jable, Jandía Playa und vor allem Caleta de Fustes bieten ihren internationalen Gästen eine große Auswahl, die von Wiener Schnitzel über Hamburger und Pizza bis hin zu einheimischen Gerichten reicht.

Fünf beliebte Tapas
Albóndigas: Fleischbällchen
Croquetas: Kroketten, oft mit Püree oder Kabeljau gefüllt
Gambas: Garnelen
Pimientos: Paprika mit unterschiedlicher Füllung
Pulpo: Tintenfisch

- Viele Lokale und Restaurants bieten **Tapas** an – kleine Köstlichkeiten, die man als Vorspeise oder für den kleinen Hunger wählt. Statt einer Hauptmahlzeit kann man auch mehrere Tapas bestellen und wird davon sicher satt.

Restaurantbesuch

- Das Mittagessen wird in der Regel zwischen 13 und 16 Uhr, das Abendessen zwischen 20 und 23 Uhr eingenommen. Viele Restaurants haben jedoch ganztägig geöffnet.
- Einige Restaurants offerieren vor allem mittags ein *menú del día* (Tagesmenü) zu einem Festpreis.
- Die **Bedienung** ist gesetzlich im Preis inbegriffen; Brot, Oliven und andere Kleinigkeiten, die unaufgefordert auf den Tisch gestellt werden, dürfen jedoch extra berechnet werden. Wer diese nicht wünscht, sollte sie dankend ablehnen. Wer mit dem Service zufrieden ist, gibt ein Trinkgeld von 5–10 Prozent. In einer Bar lässt man das Wechselgeld auf dem Tresen liegen.
- Die Bedienungen in lokalen Bars wirken auf westeuropäische Touristen manchmal schon fast unhöflich, während Einheimische den Umgang für ganz normal halten.
- Eine **Reservierung** ist selten notwendig, die Ausnahme bilden die sehr schicken und beliebten Restaurants (im Kapitel »Wohin zum …« wird jeweils darauf hingewiesen). Am Samstagmittag und Sonntagabend empfiehlt es sich generell, einen Tisch zu buchen.

Fünf vegetarische Gerichte oder Tapas
Papas arrugadas mit mojo picón: Pellkartoffeln mit pikanter Soße (► 18f)
Tortilla: Omelett, in der Grundform mit Kartoffeln
Croquetas: mit Püree oder Meeresfrüchten gefüllte Kroketten
Pimientos: Paprika mit unterschiedlicher Füllung (nachfragen)
Champiñónes: gebratene Champignons mit Knoblauch

- **Preise:** Von einigen Ausnahmen abgesehen, besteht keine größere Preisdifferenz für gleiche Gerichte in unterschiedlichen Lokalen. Es ist kein Problem, nur Vorspeisen, aber kein Hauptgericht zu bestellen oder eine Vorspeise für zwei Personen zu ordern.
- Als **Kinderteller** werden häufig Fastfood oder internationale Gerichte angeboten. Wer für seine Kinder die typisch kanarischen Gerichte bevorzugt, bittet um die kleine Portion *(porción pequeña)* eines normalen Gerichts.

Getränke

- **Mineralwasser** ist überall erhältlich, man unterscheidet *agua sin gas* (stilles Mineralwasser) und *agua con gas* (mit Kohlensäure).

- **Kaffee** wird als *café solo* (schwarzer Kaffee, etwa Espresso) oder *café con leche* (mit Milch) gereicht. Meist handelt es sich um geschäumte Milch wie bei einem Cappuccino, manchmal wird aber auch einfach warme oder gar kalte Milch zugegossen. Auch Nescafé findet sich auf der Karte. Ein *Carajillo* ist ein schwarzer Kaffee mit einem Schuss Brandy – die Einheimischen trinken ihn gerne nach dem Essen.
- Auf Fuerteventura selbst wird nur wenig **Wein** angebaut. Der bekannteste Wein der Kanaren ist der Malvesia (süß oder trocken), der auf Lanzarote angebaut wird. In den Restaurants stehen vorzügliche Weine vom spanischen Festland auf der Karte.
- Unter den **Spirituosen** stehen *Ron* (Rum) und der Likör **Ronmiel** (Rum mit Honig) ganz oben auf der Beliebtheitsskala.
- Viele Restaurants bedanken sich nach dem Essen mit einem Gläschen Likör bei ihren Gästen.

Preise
Die Symbole geben an, wie viel pro Person für ein Drei-Gänge-Menü ohne Getränke und Service bezahlt werden muss.
€ unter 15 €   €€ 15–25 €   €€€ über 25 €

Einkaufen

Trotz Spaniens Beitritt zur Europäischen Union konnten sich die Kanaren ihren Sonderstatus als Freihandelszone bewahren, d.h. die Importzölle sind niedrig und die Mehrwertsteuer beträgt nur 4,5 Prozent. Viele Produkte des täglichen Bedarfs, aber auch Geschenke und Andenken (vor allem Alkohol, Tabak, Parfüm, Schmuck und Elektroartikel) sind somit erheblich preiswerter als im übrigen Europa.
Da die Kanaren offiziell nicht zur EU gehören, ist der Export von Waren für den Eigenbedarf streng begrenzt. Von den Inseln dürfen nur ein Liter Spirituosen, zwei Liter Wein und 200 Zigaretten oder 50 Zigarren in die EU-Länder ausgeführt werden.

Gute Einkaufsmöglichkeiten

- Die Mehrzahl der Geschäfte findet sich in Corralejo und Jandía Playa, wobei die Auswahl aber dennoch begrenzt ist. Neben Läden mit Kunsthandwerk von den Kanaren (siehe unten) gibt es Dutzende Sportgeschäfte mit Surfartikeln, Parfümerien und Juweliere mit Duty-free-Preisen. Elektrogeschäfte bieten Uhren, Fotoapparate und Hightech-Produkte an, sie werden meist von Asiaten betrieben, die auch das Handeln akzeptieren.

Öffnungszeiten

- Die Mehrzahl der Geschäfte ist Montag bis Samstag von 9.30/10 Uhr bis 13.30 Uhr und von 16.30/17 Uhr bis 20 Uhr geöffnet. In Corralejo und Jandía Playa haben viele Läden bis etwa 22 Uhr offen.
- In der Abflughalle am Flughafen gibt es eine Reihe guter Geschäfte.

Klassiker von den Kanarischen Inseln

- Es gibt staatlich anerkannte *artesanías* (Läden mit typischem Kunsthandwerk) in Betancuria, El Molino de Antigua, im Ecomuseo de la Alcogida und am Flughafen. Alles ist von Hand gemacht, Sonderangebote gibt es nicht.

- Zu den auf Fuerteventura produzierten Artikeln gehören **Korbwaren**, **bestickte Spitzen**, **Töpferwaren** und **Aloe-Vera-Produkte**.
- Beliebte Mitbringsel sind auch die *Mojo*-Soßen, Käse und Wein (meist aus Lanzarote) sowie **Zigarren** im kubanischen Stil. Sie kommen aus La Palma und sind fast überall erhältlich.

Märkte

- Ein Touristenmarkt wird jede Woche an mehreren Orten abgehalten. Verkauft werden **Lederartikel**, **Kleidung**, **Leinen**, **Spitze**, **Stickerei** und Keramik. Wer handelt, kann einen guten Preis erzielen. Der Markt von Corralejo findet am Montag und Freitag 9–13 Uhr statt, der Markt in Caleta de Fuste am Samstag und derjenige in Jandía Playa am Donnerstag.

Tätowierung mit Tradition
Auch wenn es vielen vielleicht nicht klar ist, so haben die zahlreichen Geschäfte, in denen man sich tätowieren lassen kann, eine jahrhundertealte Tradition. Schon die Urbevölkerung der Insel soll *pintaderas* (Stempel aus Holz oder Ton mit geometrischen Mustern) verwendet haben, um sich damit die Körper zu verzieren.

Fünf Geschenkartikel aus Fuerteventura
- Accessoires mit der Ziege, dem Wahrzeichen der Insel
- Ein T-Shirt mit den berühmten stilisierten Fußtritten
- Aloe-Vera-Produkte (unbedingt Herkunftsort überprüfen!)
- Handgemachte Töpfereiwaren mit Ethno-Mustern
- Ein Holz- oder Tonstempel *(pintadera)*

Ausgehen

Festivals und Folklore

- **Fiestas** fallen auf Fuerteventura nicht ganz so großartig wie auf den anderen Kanarischen Inseln aus, doch auch hier wird *Carnaval* (▶ 15f) gefeiert.

Bars und Clubs

- Am turbulentesten ist das Nachtleben in Corralejo mit seinem »Musikplatz« und dem CC Atlántico. Außerdem gibt es dort drei gute Nachtlokale. Caleta de Fustes und Jandía Playa können mit Musikbars aufwarten.

Wassersport

- Fuerteventura bietet exzellente Bedingungen für Wassersportler, die **Surf-** und **Kiteboard-Reviere** zählen zu den besten der Welt. Einige Schulen haben sich in Corralejo und an den Stränden von Jandía (▶ 12f) etabliert.
- **Wellenreiten** ist ebenfalls sehr beliebt, vor allem an den Stränden um Corralejo und El Cotillo (▶ 14).
- **Taucher** finden auf Fuerteventura anerkannte Tauchbasen (▶ 27).

Weitere Sportarten

- Auf dem **Golfplatz** bei Caleta de Fustes werden die Canaries Spanish Open ausgetragen (▶ 84). Ein weiteres 18-Loch-Green gibt es in Jandía (▶ 106). Einige Hotels haben Tennisplätze.

Der Norden

Erste Orientierung

Die Entfernung zwischen Corralejo und Afrika beträgt gerade einmal 100 km. Oft heißt es, Fuerteventura sei »von der Sahara abgesplittert«. Lässt man seinen Blick über die blendend weißen Sanddünen von Corralejo schweifen, erscheint diese Beschreibung gar nicht so abwegig. Fährt man jedoch ein Stück landeinwärts, geht der weiße Sand schnell in eine zerklüftete schwarze Felslandschaft über: Hier war vor 8000 Jahren noch eine Reihe von Vulkanen aktiv.

Der einzige gut ausgeschilderte Wanderweg auf Fuerteventura führt auf einsamen Pfaden ins Herz dieser vulkanischen Ödnis, die die Einheimischen *Malpaís* – schlechtes Land – nennen. Doch trotz dieser augenscheinlichen Kargheit ist im Norden der Insel touristisch am meisten los. Wer also Ruhe und Beschaulichkeit auf der Insel sucht, sollte Corralejo auf jeden Fall meiden. Der Ort bietet zwar durchaus schöne Strände und eine Riesenauswahl an Lokalen, doch ist der neue Stadtteil modern und laut und ohne Flair.

Wer die Atmosphäre einer verlassenen, einsamen Insel sucht, sollte auf die Isla de Lobos fahren. Lajares und Villaverde wiederum sind unberührte Dörfer im Hinterland des Nordens. El Cotillo an der Nordwestküste bietet schöne Strände und die verschiedensten Wassersportaktivitäten. Noch herrscht hier eine ländliche, etwas verschlafene Stimmung. La Oliva ist die ruhige Provinzhauptstadt mit einigen interessanten historischen und kulturellen Sehenswürdigkeiten. Weiter südlich bietet die Montaña Tindaya, der heilige Berg der Guanchen, einen ersten Vorgeschmack auf das Landesinnere.

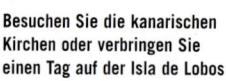

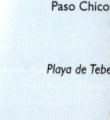

Besuchen Sie die kanarischen Kirchen oder verbringen Sie einen Tag auf der Isla de Lobos

Pl.
Es

Punta de
Paso Chico

Playa de Tebe

★ **Nicht verpassen!**

Nach Lust und Laune!

Der Norden
in vier Tagen

Erster Tag

Vormittags

Fahren Sie zu den ❶ **Dünen von Corralejo** (➤ 48), eine der größten Attraktionen der ganzen Insel. Auf der gegenüberliegenden Straßenseite liegt der Flag Beach, dort können Sie im Flag Beach Centre (➤ 12ff) verschiedenen Wassersportarten frönen. Wer schon Hunger hat, kehrt in der Strandbar ein oder fährt zum Mittagessen nach Villaverde.

Nachmittags

In ❻ **Villaverde** (➤ 56f) haben Sie die Wahl zwischen zwei hervorragenden Landgasthöfen: *El Horno* und *Hotel Rural Mahoh*. Nach dem Essen können Sie das Museum La Rosita besuchen, einen Kamelritt unternehmen oder in der Erde verschwinden und die Cueva del Llanos besichtigen (➤ 56).

Zweiter Tag

Vormittags

Fahren Sie nach ❸ **La Oliva**, um dort das Centro de Arte Canario (➤ 53f) zu besuchen. Dann besichtigen Sie die Kirche und die Casa de los Coroneles und die Casa del Capellán (➤ 53f); beide Häuser können nur von außen besichtigt werden. Lohnenswert ist auch das Museo del Grano La Cilla (➤ 54). Fahren Sie nun mit dem Auto zur Hauptstraße zurück und weiter nach ❹ **El Cotillo** (➤ 55), wo Sie im *El Veril*, im *Azzuro* oder in der Strandbar *Torino* (➤ 59) für ein Mittagessen einkehren können.

Nachmittags

Verbringen Sie den Nachmittag an den Stränden der Playa de Lagos. Schlendern Sie zum Torre de Tostón (➤ 55). Ein Abendessen im *El Veril* oder *Azzuro* (➤ 59) ist der perfekte Ausklang des Tages.

Dritter Tag

Genießen Sie früh am Morgen das rege Treiben (oben) im Hafen von Corralejo. Frühstücken Sie im *Café La Olá* (➤ 58f) und nehmen Sie um 10 Uhr die Fähre zur ❷ Isla de Lobos (➤ 51). Planen Sie den ganzen Tag zur Erkundung der Insel und für ein ruhiges Sonnenbad ein. Wenn Sie mit der Fähre um 16 oder 18 Uhr zurückfahren, bleibt sogar noch ausreichend Zeit für einen Einkaufsbummel in Corralejo.

Vierter Tag

Vormittags

Wandern Sie von Lajares auf dem Sendero de Bayuyo (➤ 142), durch die Vulkanlandschaft des Nordens. Wieder in ❺ Lajares (➤ 55f), stöbern Sie an den Ständen mit Kunsthandwerk. Anschließend gönnen Sie sich im *El Arco* (➤ 60) ein Mittagessen, oder fahren Sie nach El Cotillo (unten), um dort im *El Veril* oder im *Azurro* (➤ 59) einzukehren.

Nachmittags

Unterbrechen Sie einmal das Strandleben in El Cotillo und fahren Sie über La Oliva weiter nach Süden, um die zauberhafte ❼ Montaña Tindaya (➤ 57) kennen zu lernen. Eine landschaftlich schöne Strecke führt über die FV10 durch La Matilla und Tetir nach Puerto del Rosario. Folgen Sie anschließend der Beschilderung nach Corralejo (33 km).

1 Corralejo

Der größte Urlaubsort auf Fuerteventura hat eine treue Fangemeinde – vor allem Deutsche und Briten. Die Stadt teilt sich in den alten Hafen und den eigentlichen neuen Ferienort, eine Fußgängerzone trennt das alte vom neuen Corralejo. Der alte Fischerhafen hat sich inzwischen zu einem geschäftigen Hafen entwickelt: Hier legen die Fährschiffe nach Lanzarote und zur Isla de Lobos ab, hier ankern Hochseeangleryachten neben Katamaranen und Fischerbooten.

Corralejos Altstadt erstreckt sich um die Fußgängerzone und hat malerische Plätze und Gassen. Viele der kleinen Straßen führen zur Uferpromenade, wo hübsche Restaurants und Lokale zur Einkehr locken. Nachts geht es am »Musikplatz«, einem winzigen, von Restaurants gesäumten Geviert, hoch her. Restaurantbesitzer versuchen, die Gäste an ihre Tische zu locken, auf einer kleinen Bühne begleiten die Musiker das Abendessen. Wer ein spanisches, auch von den Einheimischen besuchtes Lokal sucht und Lust auf ein paar nette Geschäfte hat, der geht ein oder zwei Blocks weiter in Richtung Hafen, z. B. in die Calle de la Ballena.

Das moderne Corralejo erstreckt sich zu beiden Seiten der Avenida Nuestra Señora del Carmen. Am attraktiven Boulevard liegen mehrere Einkaufszentren, doch sollte man dort keine Designer-Kleidung erwarten. Wer jedoch Spielsalons, Billigläden und preiswerte Lokale sowie ein paar irische Bars sucht, ist hier genau richtig.

Die weiten Strände von Corralejo sind ein Paradies für Kiteboarder, doch lohnt es sich auch, nach den Sandskulpturen am Stadtstrand Ausschau zu halten

Baku

Diese Touristenattraktion im Norden der Insel begann als Vergnügungspark mit acht Wasser-rutschen. Mittlerweile ist sie um zwei weitere Attraktionen erweitert worden: Einen Tierpark mit Streichelzoo, Seelöwen (Besucher können gegen zusätzliche Gebühr sogar in das Seelö-wenbecken eintauchen) und einer Papagei-Show, sowie ein Spukhaus mit lebendigen „Geistern". Weitere Sensationen für die ganze Familie sind ein Zauberschloss, eine Seilbahn, Paintball, eine Kletterwand, Minigolf, Bowling und Bingo. Es gibt ein brasi-lianisches Restaurant mit Shows am Freitag Abend und jeden Montag und Freitag einen Markt mit kanarischem und afrikani-schem Kunsthandwerk.

Es gibt viel zu entdecken: Moderne Architektur, Lokale und das Nachtleben

Strände

Der Stadtstrand im Zentrum am Hafen ist am schnell-sten erreicht – entsprechend voll ist er in der Hauptsai-son und am Wochenende. Ein Besuch lohnt sich den-noch, denn hier stehen meist einfallsreiche und zum Teil richtiggehend kunstvolle Sandskulpturen. Wandert man vom Hafen ostwärts, stößt man bald auf einen schmalen Strand. Schön ist auch der Strandabschnitt Playa Galera vor dem Hotel Corralejo Beach.

Die schönsten Strände beginnen jedoch rund 500 m östlich der Playa Galera und sind insgesamt 7 km lang. Wer will, kann von der Neustadt aus mühelos dorthin laufen. Wenn Sie am Hafen geparkt haben, sind Sie mit dem Auto über die Hauptstraße (Achtung, Einbahn-straßen!) in einem Katzensprung dort.

Flag Beach heißt der Hauptstrand, der nächste Abschnitt vor den beiden Riu Hotels trägt den Namen Glass Beach. Windsurfer und Kitesurfer finden an beiden Stränden gute Bedingungen vor, noch besser geht es allerdings westlich vom Aparthotel Bristol Playa, dort fehlt allerdings der Sand. Eines haben alle Strände gemeinsam: den Blick über das Meer nach Isla de Lobos und Lanzarote.

Parque Natural de Corralejo

Die weißen Sanddünen von Corralejo erstrecken sich über 27 km². Das gesamte Areal wurde 1982 zum Naturpark erklärt – zu spät jedoch, um noch den Bau der beiden Hotels zu verhindern. Aber zumindest wurden weitere Versuche, diese herrliche Naturlandschaft touristisch in Wert zu setzen, vereitelt. Wer fünf oder zehn Minuten von der Straße wegwandert, glaubt sich ohne Verkehrslärm und Hotels in eine andere Welt versetzt. Die einzigen Lebewesen, die man hier sieht, sind Ziegen – und hin und wieder ein FKK-Anhänger.

Dünenlandschaft im unberührten Parque Natural de las Dunas de Corralejo

KLEINE PAUSE

Wem der Sinn nach einem Kaffee oder etwas zu essen steht, kommt im *Antiguo Café del Puerto* (► 58) den ganzen Tag auf seine Kosten.

➕ 163 E5

Wasserpark Baku
➕ 168 A1 ✉ Avenida Nuestra Señora del Carmen ☎ 928 867 227 ⏰ tägl. 10–17 (in der Hochsaison länger) 💰 teuer

---

CORRALEJO: INSIDER-INFO

Top-Tipp: Wer am zweiten Wochenende im Oktober da ist, sollte sich das **Kite Festival** in den Dünen anschauen.

Muss nicht sein! Der Stadtstrand ist nicht immer so sauber, wie man es sich wünschen würde.

Geheimtipp: An der Avenida Fuerteventura, der Hauptstraße zu den Dünen und Stränden, sollte man auf die malerische **Villa Tabaiba Galeria de Arte** achten (neben einem Apartmentblock mit einem irischen Pub). Sie ist in Privatbesitz und unregelmäßig geöffnet (meist nachmittags). Doch selbst wenn sie verschlossen ist, lohnt es sich anzuhalten, um einen Blick in den Garten mit seiner exzentrischen Sammlung von Kunstwerken im Stil von Salvador Dalí und Juan Miró zu werfen.

Nicht verpassen! Isla de Lobos (► 51f)

2 Isla de Lobos

Alles auf Isla de Lobos scheint sich durch eine Verkleinerungsform zu charakterisieren: *las lagunitas* – die kleinen Lagunen; *los hornitos* – die kleinen Vulkane; el Puertito – der (baufällige) kleine Hafen. Somit liegt es nahe, hinzuzufügen, dass dieser Tagesausflug zu den schönsten der Insel zählt. Da es so gut wie keine touristischen Einrichtungen gibt, präsentiert sich Isla de Lobos noch als Insel von großer Ursprünglichkeit.

Isla de Lobos ist 4,4 km² groß – man kann sie in nicht einmal zwei Stunden komplett umrunden. Unser Rundwanderweg (► 138) dauert etwa drei Stunden und führt zu allen Sehenswürdigkeiten der Insel. Ihr Name – »Löweninsel« – geht auf eine Seelöwenkolonie (*lobos marineros*) zurück. Früher lebten hier Mönchsrobben, die jedoch schon lange verschwunden sind. Den Aufzeichnungen des Forschers und Konquistadors Gadifer de la Salle (die Nummer zwei nach Jean de Béthencourt, ► 9ff) zufolge sollen er und seine Leute 1402 dem Hungertod entronnen sein, weil sie sich vom Fleisch eben dieser Seelöwen ernährten. Béthencourt erbaute auf der Insel eine Einsiedelei; in den folgenden Jahrhunderten wurde die Insel als Standort von Piraten und für den Sklavenhandel genutzt. Heute sind die einzigen hier ansässigen Einwohner Antonio, der ehemalige Leuchtturmwärter – er hält nun die Insel in Schuss –, seine Familie sowie ein paar Freunde, die in dem heruntergekommenen Weiler El Puertito wohnen. Der Leuchtturm ist noch in Betrieb, funktioniert aber nun vollautomatisch.

Die Isla de Lobos ist nur ein paar Minuten über das Wasser entfernt

Anreise

Drei Schiffe fahren täglich von Corralejo zur Isla de Lobos; Die *Isla de Lobos* legt um 10.15 und 11.45 Uhr ab und kehrt um 12 und um 16.15 Uhr zurück. Der Glasboden-Katamaran *Celia Cruz* legt um 9.45 Uhr ab und kehrt um 14.20 und 18 Uhr zurück (Okt.–Mai 17.15 Uhr; Mobil: 646 531 068, www.fuerteventura.net/celiacruz). Die El Majorero legt um 10 und 12 Uhr ab und kehrt um 12.30 und 16 Uhr zurück. Wer vorhat, einen Spaziergang zu machen, ein Sonnenbad zu nehmen und im Restaurant auf der Insel zu essen, sollte sich für die *Celia Cruz* entscheiden, die den längsten Inselaufenthalt anbietet. Für alle, die die Insel von Meer aus genießen möchten, bietet die *Celia Cruz* eine einstündige Inselrundfahrt an.

Zwei Boote fahren zur Isla de Lobos hinüber, eines ist ein Glasboden-Katamaran

Unterwegs auf der Isla de Lobos

Gleich nach dem Aussteigen aus dem Schiff beginnt ein ausgeschilderter Weg. Wer die einzige Siedlung der Insel, El Puertito, besichtigen will, wendet sich zunächst nach rechts (7 Min.), wer erst einmal an den herrlichen Strand Playa la Concha (auch: Playa de la Calera) gehen möchte, läuft nach links (6 Min.). Wanderer freuen sich über den Weg rund um die Insel; der entfernteste Punkt ist der Leuchtturm (Faro), ihn erreicht man in rund 50 Minuten, wenn man Richtung Norden läuft.

KLEINE PAUSE

Wer im Insellokal essen möchte, sollte sofort nach der Ankunft einen Tisch vorbestellen (▶ 138ff).

✚ 163 E5

ISLA DE LOBOS: INSIDER-INFO

Muss nicht sein! An windigen Tagen sollte man auf den Ausflug verzichten.

Geheimtipps: Um die Mittagszeit geht es in El Puertito hoch her. Aus dem Lokal *Antonio* dringt der Duft von frischem Fisch. Die Bucht vor dem Lokal eignet sich ideal zum Schwimmen, auch Taucher beginnen hier ihren Ausflug. An manchen Tagen kann man auch Jet-Ski fahren.

3 La Oliva

Auch wenn der Ort das Verwaltungszentrum des Nordens ist, wirkt La Oliva doch mehr wie ein Dorf und bisweilen sogar wie eine Geisterstadt. Doch der Ort hat eine interessante Geschichte und einige ungewöhnliche Sehenswürdigkeiten zu bieten.

La Oliva ist von alters her eine Schaltzentrale der Macht auf Fuerteventura. Der Guanchen-König Guize (► 10) herrschte von hier aus über sein Nordreich. Nach der Eroberung war La Oliva eine der ersten Städte, die von Europäern besiedelt wurden. Die Iglesia de Nuestra Señora de la Candelaria wurde 1711 errichtet. Das markanteste Merkmal dieser dreischiffigen Kirche ist ihr Glockenturm aus schwarzer Lava. Versäumen Sie nicht den Blick auf die Kanzel in der Form eines Weinglases sowie auf den Seitenaltar, der mit einem passenden Muster verziert ist. Ein Gemälde zeigt Christus als Weltenherrscher (1732).

Casa de los Coroneles

Als die Beherrscher der Insel 1709 nach Lanzarote übersiedelten, wählte der neu eingesetzte Militärgouverneur *(El Coronel)* La Oliva als Standort. Der unbeliebte Machthaber herrschte hier bis 1859. Sein Amtssitz war die großartige Casa de los Coroneles, ein weitläufiges burgartiges Anwesen, das 1650 im Kolonialstil erbaut wurde. Früher wurde fälschlicherweise behauptet, dass das Gebäude für jeden Tag des Jahres eine Tür und ein Fenster habe. Ab 1859 verfiel das berühmte Haus zunehmend. Nach vielen Jahren der Versprechungen wurde die Renovierung doch noch durchgeführt und das Haus 2006 als Kunstgalerie und Kulturzentrum wiedereröffnet (geöffnet Di–Sa 10–6 Uhr).

Nuestra Señora de la Candelaria birgt einige ungewöhnliche Kunstschätze und ist einen Besuch wert

Centro de Arte Canario (CAC)

Die modern gestalteten Räumlichkeiten sind der kanarischen Kunst gewidmet. Es herrscht eine eigentümliche Stimmung, zu der wohl auch die im Hintergrund laufende beruhigende New-Age-Musik beiträgt. Das Gebäude erreicht man nach Durchqueren eines großen Kakteengartens mit sehenswerten Skulpturen. Einige der interessanten und auch witzigen

Exponate spielen auf die Flora, Fauna und die alte Geschichte der Insel an. Das Herzstück ist die Casa Mané, ein Gebäude aus dem 19. Jh. mit Gemälden von César Manrique (➤ 108).

Museo del Grano La Cilla

Eine *cilla* ist ein der Kirche gehörender Getreidespeicher – dieser hier stammt aus dem Jahr 1819. Früher diente er der Aufbewahrung von Weizen, Gerste, Roggen, Hülsenfrüchten und einigen Obstsorten. Heute ist hier eine kleine Ausstellung untergebracht – Fotos und landwirtschaftliche Geräte zeigen, wie bis in die 1940er-Jahre Ackerbau von Hand sowie mit Eseln und Kamelen betrieben wurde.

KLEINE PAUSE

In La Oliva sind gute Cafés oder Restaurants rar, eine akzeptable Adresse ist die *Casa Malpey* an der Straße El Cotillo (➤ 60).

Ausstellungs-
raum im Centro
de Arte Canario
(oben) und
Exponat im
Museo del
Grano La Cilla
(unten)

✚ 163 D3

Centro de Arte Canario (CAC)
✚ 163 D3 ✉ Calle Salvador Manrique de Lara (gegenüber Casa de los Coroneles) ☎ 928 851 128 🕐 Mo–Sa 10.30–14 Uhr 👋 mittel

Museo del Grano La Cilla
✚ 163 D3 ✉ Carretera El Cotillo ☎ 928 868 728 🕐 Di–Fr, So 9.30 bis 17.30 Uhr 👋 preiswert

LA OLIVA: INSIDER-INFO

Ein Muss! Das Dorf erwacht am 2. Februar zum Leben, wenn die viertägige **Fiesta de Nuestra Señora de la Candelaria** stattfindet.

Geheimtipp: Die **Casa del Capellán** (Haus des Kaplans) steht, von verfallenen kleineren Gebäuden umgeben, in einem Feld rund 100 m rechts der Straße, die zur Casa de Coroneles führt. Auch wenn sie recht verkommen wirkt, lohnt ein Blick auf die schönen Steinmetzarbeiten rund um die Tür dieses bescheidenen, 200 Jahre alten eingeschossigen Hauses. Sie erinnern an das berühmte Portal der Kirche von Pájara (➤ 78), dem ein aztekischer Einfluss nachgesagt wird.

Tipp: Für 1 Euro wird die Kirche beleuchtet.

Nach Lust und Laune!

⁴ El Cotillo

Auf den ersten Blick hat so mancher vielleicht den Eindruck, dass es hier nicht viel gibt, das einen hält. Doch dieser Eindruck täuscht, denn in El Cotillo finden sich die schönsten Strände und zwei der besten Restaurants (► 60) der Insel. Viele kommen extra zum Sonnenuntergang, der hier besonders eindrucksvoll ist, nach el Cotillo. Die restaurierte Fortaleza (Torre del Tostón) wurde 1740 errichtet, um englische, maurische und arabische Piraten abzuschrecken. Sie beherbergt heute die Touristeninformation. Auch wenn es anstrengend erscheint: Steigen Sie die Treppe hoch – die schöne Aussicht über den *Puerto nuevo* (neuer Hafen), in dem Fischerboote im Schutz eines Vulkanfelsens dümpeln, lohnt die Anstrengung. Im pechschwarzen *Puerto viejo* (alter Hafen) in der nächsten Bucht liegen in der Regel keine Boote.

Wem der Sinn nach einem windigen Strandabschnitt zum Surfen steht, fährt von El Cotillo weiter gen Norden. In Richtung Süden folgt man der Ausschilderung nach Playas de Lagos – dort erwarten Sie wunderschöne familienfreundliche Sandstrände.

✚ 162 C4

Fortaleza/Torre del Tostón
✉ El Tostón 🕐 Tägl. Okt.–Juni 8–16 Uhr, Juli–Sept. 9–15 Uhr, an Feiertagen geschl. 💰 mittel

⁵ Lajares

Das kleine Straßendorf war lange ein beliebter Halt bei Surfern auf dem Weg nach El Cotillo. In den letzten Jahren entdeckten Immobilienkäufer aus dem Ausland das Dorf. Bekannt wurde das Dorf wegen der hiesigen Schule für Stickerei. Diese ist heute einem Laden mit Kunstgewerbeartikeln (► 63) angeschlossen. In der Nähe der Kirche im Süden von Lajares stehen zwei

Die Restaurants von El Cotillo lohnen einen Besuch

Die drei besten Lokale der Kanaren

- **Hotel Rural Mahoh**, Villaverde (► 60)
- **El Horno**, Villaverde (► 60)
- **El Veril**, El Cotillo (► 59)

Die Kraft des Meeres

Das Restaurant *El Veril* am alten Hafen von El Cotillo präsentiert das Werk des Insel-Fotografen Jo Hammer. Zu seinen beeindruckendsten Bildern zählen die Sturmaufnahmen. Bei manchen dieser Stürme schlugen über 10 m hohe Wellen an die Uferbefestigungen von El Cotillo. Wer will, kann eine Auswahl der Fotos als Drucke kaufen.

Die Cueva Villaverde
Die 190 m lange Höhle entstand durch den Austritt vulkanischer Gase und Lava. Sie wurde von den Guanchen als Wohnstätte genutzt und erst 1979 entdeckt. Plänen zufolge soll die Sehenswürdigkeit der Öffentlichkeit zugänglich gemacht werden. Zurzeit müssen sich Interessierte aber noch mit der Ausstellung im Centro Molino, La Antigua (➤ 83) begnügen. Fundstücke werden auch im Museo Arqueológico von Betancuria (➤ 72) gezeigt.

schön restaurierte Windmühlen. Das Dorf ist Startpunkt des Wanderweges Sendero de Bayuyo (➤ 142).

➕ 163 D4

6 Villaverde

Villaverde zählt zu den am besten erhaltenen Dörfern der Insel. Vielleicht eifern die Dorfbewohner ja dem beispielhaften Hotel Rural Mahoh (➤ 60) nach, das am Südrand des Dorfes liegt. Es lohnt schon wegen seiner Architektur und seines Skulpturengartens einen Besuch. Das schwarz-weiße Bauernhaus La Rosita markiert den nördlichen Ortseingang. In den 1920er-Jahren war der Hof eine Tabak- und Maisfarm. Die nette Besitzerin erzählt jedem bereitwillig, wie primitiv es einst in dem vorderen Zimmer zuging, in dem sie geboren wurde und das heute ein wunderschön restauriertes Museum beherbergt. Wo heute Mais wächst, wurde früher Tabak angepflanzt. Ein Kakteengarten und ein Hof mit mehre-

ren Ziegen und Hühnern macht die Hofanlage noch stimmungsvoller. Kamele stehen für einen Ausritt bereit und müssen manchmal auch einen Pflug ziehen.

Fahren Sie von La Rosita in Richtung Villaverde und nehmen Sie die erste Abzweigung nach rechts. Nach 300 m erreichen Sie die **Cueva del Llanos.** Diese Höhle gehört zu einem großen Höhlensystem, das vor über 690 000 Jahren entstand. Der Eingang befindet sich in einem Teil, dessen Dach eingestürzt ist (bekannt als *jameo*). Hier ist auch das Besucherzentrum mit einer Ausstellung, einem Café und einem Shop. Besucher können von hier aus auf einem schmalen Weg 400 m in die sieben bis zehn Meter breite Höhle hineingehen.

Beobachten Sie die Stickerinnen von Lajares bei ihrer Arbeit (oben)
Blick auf die Montaña Colorada (unten)

✚ 163 D4

La Rosita
✉ Carretera General La Oliva-Corra-
lejo, km 6,7 ☎ 928 175 325 🕐 Mo–Fr
10–17, Sa 10–15 Uhr 👊 mittel

Cueva del Llanos
☎ 928 175 928 🕐 Di–Sa; Führungen
alle 30 Min. 10.15–12.45 und 14.45 bis
17.15 Uhr Uhr 👊 mittel

Eine Wanderung auf die Montaña Tindaya
wird mit einer herrlichen Aussicht belohnt

7 Montaña Tindaya

Die Montana Tindaya ist der heilige Berg
der kanarischen Ureinwohner der Insel.
Diese kamen hierher, um ihrer höchsten
Gottheit durch das Opfern junger Ziegen zu huldigen. Aus dieser Zeit sind
einigen Inschriften und Felszeichnungen erhalten geblieben, die erst 1978
auf und rund um den Berggipfel auf 401 m Höhe entdeckt wurden. Am
berühmtesten sind die über hundert Felsritzungen in der Form eines Fuß-
umrisses. Sie befinden sich auf der dem Vulkan Teide auf Teneriffa zuge-
wandten Seite. Dieser brach zu Lebzeiten der Guanchen häufig aus und
wurde von ihnen für die Wohnstätte des Teufels gehalten. Wissenschaftler
vermuten, dass die Ritzungen böse Geister abhalten sollten, denn auch
alle weiteren erhaltenen Ritzzeichnungen sind Richtung Teide ausgerichtet.
Der Gipfel lässt sich in zwei Stunden besteigen – an einem klaren Tag
ist die Aussicht bis zum Teide auf der Nachbarinsel einfach atembe-
raubend. Da der Aufstieg anstrengend und bei Nässe und Wind sogar
gefährlich ist, sollten ihn nur geübte Bergsteiger wagen. Zum Schutz des
sensiblen Ökosystems ist eine Genehmigung erforderlich, die man beim
Umweltamt (Medio Ambiente) in Puerto del Rosario (Calle Primero de
Mayo 39; Tel. 928 862 363) erhält.

Wohin zum ...
Essen und Trinken?

Preise
Die Preise gelten pro Person für ein Drei-Gänge-Menü ohne Getränke und Service:
€ unter 15 Euro   €€ 15–25 Euro   €€€ über 25 Euro

CORRALEJO

Ambaradam €

Das italienische Café in einer ruhigen Seitenstraße am oberen Ende des »Strip« ist eine schicke Adresse für einen Imbiss oder eine komplette Mahlzeit nach einem Besuch des Marktes oder des Vergnügungsparks Baku. Auf der Karte stehen mehrere Frühstücksvarianten, süße und pikante Pfannkuchen (47 Arten!) und 14 Variationen der italienischen *brus-chetta*.

✠ 168 B3 ⊠ Centro Commercial Cactus ☎ 696 996 207
⏱ Mo–Sa 8–1.30 Uhr

Antiguo Café del Puerto €€

Hier ist man zu jeder Tageszeit willkommen, egal ob man einen Milchkaffee oder ein Bier bestellt, um gemütlich die auf dem Meer dümpelnden Boote zu beobachten. Auf der Karte des pastellfarben eingerichteten Restaurants stehen diverse Tapas.

✠ 163 E5 ⊠ Calle La Ballena
☎ 928 535 844
⏱ Do–Di 11–1 Uhr

Bodeguita El Andaluz €–€€

Manolo, der Koch, kommt aus Cordoba und die Karte ist, wie auch das Restaurant selber, gehaltvoll, aber auf beruhigende Weise klein. Greifen Sie nach dem schmackhaften selbstgebackenen Brot mit Öl, zu den Vorspeisen wie Garnelen in Knoblauch, Avocados, Mozzarella und Tomaten oder zu einem Salat mit geröstetem Knoblauch. Eine Spezialität aus Cordoba ist die *salmorejo*-Suppe, die an Gazpacho erinnert. Die Fleischgerichte – Steaks höchster Qualität, Hühnchen, Schweinefilet und Kebab – werden mit grüner Paprika, Kräuterbutter oder einer Muschelsauce serviert. Frischen Fisch gibt es immer. Keine Kreditkarten.

✠ 163 E5
⊠ Calle La Ballena 5
☎ 676 705 878
⏱ Do–Di 19–23 Uhr

Caracoles €€

Sylvia und Carlos sind in Corralejo für ihre spanisch-kanarische Küche sowie die besten Tapas der Stadt bekannt. Das kleine Lokal liegt in einer schmalen Gasse unweit des Musikplatzes und ist nie eine Enttäuschung. Zu den Spezialangeboten zählt ein Teller mit sechs verschiedenen Tapas und einer Flasche Wein zu einem Festpreis.

✠ 163 E5 ⊠ Seitenstraße vom Musikplatz ⏱ Di–So 19–23 Uhr
(letzter So im Monat geschl.)

Factoria €–€€

Direkt am Meer, aber dennoch abseits vom größten Trubel, ist diese fröhliche kleine Pizzeria eines der nettesten Lokale von Corralejo. Es gibt Steaks und Fisch, doch die Spezialität des Hauses ist Pizza. Probieren Sie einmal eine ausgefallene wie die Felipin mit Brokkoli, Speck und Lachs. Ideal für junge Familien.

✠ 163 E5 ⊠ Avenida Marítima
☎ 928 535 726 ⏱ tägl. 10.30–23 Uhr

La Olá €

Das attraktive moderne Café gehört zu einer Bäckerei und liegt unweit des Hafens. Viele kommen zum frühstücken – probieren Sie mal das *desayuno español* (spanisches Frühstück) mit in Olivenöl getränktem Toast samt Tomaten und *jamón serrano* (Räucherschinken). Obwohl der Inhaber ein Einheimischer ist, zählen deutsches Gebäck, Kuchen und Käsekuchen zu seinen Spezialitäten. Die Gäste genießen die Köstlichkeiten in gemütlichen Rattansesseln.

+ 163 E5 **⊠** Paseo Marítimo Bristol, Muelle Grande **☎** 928 535 304 **⏰** MI–Mo 7.30–20 Uhr

Los Pepes €€

Das Los Pepes ist seit vielen Jahren eines der besten Restaurants in Corralejo. 2007 hat es den Besitzer gewechselt und wird heute von einem engagierten Ehepaar mit mehr als 20 Jahren Küchenerfahrung geführt. Neben den Standards wie Garnelen in Knoblauch, Pfeffersteak und Thailändischen Fischfrikadellen findet man ausgefallene Gerichte wie Salat aus gebratenem Halloumi mit Nektarinen, gebackene Auberginen, gefüllt mit Ricotta und garniert mit Chorizo, gekocht in Cider und Sahne, Geflügelgalatine mit Krebsen und Estragon-Mousse gefüllt und

mit Erdnusssoße serviert. Die Desserts lassen einem das Wasser im Mund zusammenlaufen und sind wahre Kunstwerke.

+ 163 E5 **⊠** Calle La Ballena **☎** 928 537 276 **⏰** Di–So 18–23 Uhr

Rogues Gallery

In der Musikbar liegt der Hauptakzent auf Rock und Blues. Die Lautstärke ist aber erfreulicherweise so dezent, dass man sich noch gut unterhalten kann. Am Samstagabend tritt ein Gitarrist auf.

+ 163 E5 **⊠** Calle La Ballena 3 **⏰** Di–So 10–13, 17 Uhr bis spätabends

EL COTILLO

Aguayre €

Von der modernen Bar überblickt man den neuen Hafen. Der ideale Ort, um bei einem Bier, einem Milchshake oder einem *chai latte* die berühmten Sonnenuntergang von El Cotillo zu genießen. Sogar ein paar

Hängematten stehen den Gästen zur Verfügung. Hervorragende Baguettes und internationale Snacks wie Chili und Burritos gibt es den ganzen Tag.

+ 162 C4 **⊠** Puerto Nuevo **⏰** tägl. 9.30–21 Uhr

Azzurro €€

Der Italiener Roberto kocht das wohl beste italienische Essen auf ganz Fuerteventura, dazu eine breite Auswahl an kanarischen Gerichten und zahlreiche vegetarische Speisen. Die Tagliatelle mit Pilzen, Garnelen und Parmesan sowie die Paella haben noch keinen enttäuscht. Die Atmosphäre auf der Terrasse ist entspannt, gemeinsam mit den anderen Gästen kann man hier herrlich den Sonnenuntergang beobachten. Freitags nach Sonnenuntergang wird Live-Musik gespielt. Der Service ist hervorragend, die Hausweine sind erstklassig.

+ 162 C4 **⊠** Urb. Los Lagos 1, Carretera al Faro **☎** 928 175 360 **⏰** Di–So 12.30–22.30 Uhr

Torino €–€€

Die nette kleine Strandbar neben den Lagunen serviert Verschiedenes für den großen und kleinen Hunger. Die Garnelen in Knoblauch sind ein Gedicht, auch die Paella ist lecker.

+ 162 C4 **⊠** Playa Lagos **⏰** tägl. 10–17 Uhr

El Veril €€

Von außen eher schlicht, zählt das hervorragend restaurierte alte Haus zu den schönsten Lokalen der ganzen Insel. Auf der Karte stehen erstklassig zubereitete spanische und kanarische Gerichte. Der Küchenchef ist Baske, und so spiegeln Fisch-, Fleisch- und vegetarische Gerichte die Kochkunst und den erstklassigen Ruf seiner Heimat. Zum Restaurant gehört eine große Dachterrasse mit Blick auf den alten Hafen.

+ 162 C4 **⊠** Muelle de los Pescadores **☎** 928 538 780, www.restauranteelveril.com **⏰** Di–Sa 18–24, So 13–16, 19–24 Uhr

LAJARES

El Arco €

Im netten Straßencafé treffen sich Einheimische wie Urlauber, um ein einfaches Baguette zu essen oder auch einen größeren Hunger zu stillen. Die *bocadillos* bieten viel fürs Geld – probieren Sie einmal *lomo especial* mit Schweinelende, *alioli* (schaumig geschlagene Öl-Knoblauchmarinade). Salat, Ei und Käse.

+ 163 D4 **⊠** Carretera Lajares–El Cotillo **☎** 928 868 071 **◷** Mo–Fr 9–23, Sa 9–17 Uhr

Mirando Al Sur €€

Wem saftige Steaks und Gegrilltes schmecken, der wird von diesem Grillrestaurant (*parillada*) im argentinischen Stil begeistert sein. Hier kommen die leckersten und größten Fleischstücke der ganzen Insel auf den Tisch. Die Rindersteaks gibt es in allen Varianten mit diversen Soßen, außerdem Rouladen, kreolische *chorizo*, *morcilla* (Blutwurst), Schweinesteaks, Kalbfleisch, Kaninchen und Huhn. Die Fleischstücke werden auf einem großen offenen Grill zubereitet. In Corralejo befindet sich eine kleinere Zweigstelle, die jedoch nicht so viel Flair hat.

Lajares: **+** 163 D4 **⊠** Calle La Laguna **☎** 928 536 287 **◷** Mo, Mi–So 13–23 Uhr

Corraleja: **+** 163 E5 **⊠** Calle Juan Sebastian Elcano, 5 **☎** 928 536 287 **◷** tägl. 13–16, 18.30–23.30 Uhr

El Point €

Das beliebte Surfer-Café mit Bar abseits der Touristenpfade bringt Fruchtsäfte, Milchshakes, ausgefallene Teesorten, Gesundes für den kleinen Hunger, aber auch ganze Mahlzeiten (auch für Vegetarier) auf den Tisch. Beliebt sind die hausgemachten Nachspeisen aus der ganzen Welt. Live-Musik (World Music) und DJs.

+ 163 D4 **⊠** Calle La Laguna gegenüber vom Fußballstadion (hinter dem Restaurant Mirando Al Sur) **☎** 928 875 158, **◷** Di–So 11–23 Uhr

LA OLIVA

Casa Malpey €€

Wer über Mittag in La Oliva ist und sich gern typisch kanarische Küche in passender Umgebung schmecken lässt, sollte sich für dieses Restaurant mit seiner bescheidenen Speisekarte entscheiden. Der Wirt wird Ihnen bei der Auswahl des Fischs gerne behilflich sein.

+ 163 D3 **⊠** Calle La Orilla 67 (Carretera La Oliva–El Cotillo) **☎** 928 868 060 **◷** Di–So 13–23 Uhr

VILLAVERDE

El Horno €€

Der riesige Grill am Eingang des attraktiven Restaurants im Landhausstil lässt schon ahnen, dass Gegrilltes die Spezialität des Hauses ist. Beginnen Sie Ihr Menü mit Auberginen mit Käse und Palmhonig, gefolgt von einem *cochinillo* (Spanferkel) oder Zicklein. Als Nachtisch lockt ein Feigen- oder *Gofio*-Eis.

+ 163 D4 **⊠** Sitio de Juan Bello, Carretera Villaverde–La Oliva **☎** 928 868 671, 629 382 304 **◷** Di–Sa 12.30–23 Uhr, So 12.30 bis 16.30 Uhr

Hotel Rural Mahoh €€

Die Auswahl an kanarischen Gerichten zählt zu den besten der Insel, ein weiteres Plus ist das reizvolle Ambiente des Restaurants. Starten Sie mit Kroketten, gefüllten Paprikaschoten oder Baby-Tintenfisch mit *mojo verde*; als Hauptgericht stehen Sie vor der Wahl zwischen Papageifisch oder Ziege. Der passende Abschluss des Festmahls könnte ein *leche frita* oder ein Feigeneis mit warmer Schokosoße sein. Das tägliche *menú de la casa* bietet viel fürs Geld.

+ 163 D4 **⊠** Sitio de Juan Bello, Carretera Villaverde–La Oliva **☎** 928 868 050; www.mahoh.com **◷** tägl. 13–24 Uhr

Wohin zum …
Übernachten?

Preise

Für ein Doppelzimmer gelten folgende Preise:

€ unter 60 Euro €€ 60–90 Euro €€€ 91–120 Euro €€€€ über 120 Euro

Viele Zimmer der großen Hotel- und Apartmentanlagen in Corralejo können nur über die großen Reiseveranstalter gebucht werden.

CORRALEJO

Atlantis Bahía Real €€€€

Wer im Luxus schwelgen will, ist in diesem maurisch inspirierten 5-Sterne-Hotel direkt am Meer genau richtig. Alle Zimmer haben herrlichen Meerblick. Das größte und am besten ausgestattete Kurhotel der Insel hat drei Gourmet-Restaurants, ein türkisches Bad, einen Eiswasserbrunnen, einen Duschtempel, einen großen offenen Jacuzzi und eine Sporthalle.

🚹 163 E5
🏠 Avenida Grandes Playas
☎ 928 536 444,
www.atlantisbahiareal.com

Brisamar €

Das beliebte Aparthotel bietet geräumige und bequeme Apartments mit einem oder zwei Schlafzimmern samt Terrasse zu einem sehr vernünftigen Preis. Neben zwei Tennisplätzen, Meerwasserschwimmbecken (auch ein kleineres für Kinder) ist ebenfalls ein Kinderspielplatz vorhanden.

Corralejo Beach €

Das Apartmenthaus zählt zu den beliebtesten in Corralejo; es liegt im Ortszentrum direkt am Meer und wurde 2007 renoviert. Die 156 Studios und Apartments sind einfach, aber funktional eingerichtet. Viele haben einen schönen Blick auf Lanzarote und die Isla de Lobos. An Einrichtungen sind eine Sauna, Solarium und ein Pool vorhanden.

🚹 163 E5
🏠 Avenida Nuestra Señora del Carmen 3
☎ 928 866 315,
www.corralejobeach.com

Los Delfines €

Dieses beliebte Apartmentgebäude liegt fünf Minuten vom Strand entfernt. Die Apartments gruppieren sich um den Pool, jedes hat eine eigene Terrasse oder einen Balkon. Zu den Einrichtungen zählen ein Büfett-Restaurant und Squash-Plätze.

🚹 163 E5
🏠 Avenida Nuestra Señora del Carmen
☎ 928 866 525

Hesperia Bristol Playa €€€

Das attraktive Aparthotel liegt nicht weit: vom Hafen entfernt direkt am Meer und verfügt über 184 niedrige Wohneinheiten in schön gestalteten Gartenanlagen. Die Apartments sind gut ausgestattet. Für die Gäste gibt es drei Pools, Tennisplätze und eine Gartenbar.

🚹 163 E5
🏠 Urbanización Lago de Bristol 1
☎ 928 867 020,
www.hesperia-bristolplaya.com

La Posada €

Das komfortable, moderne, dreistöckige Hotel mit 34 Zimmern und einer Dachterrasse liegt in der Fußgängerzone und in Hafennähe. Von 16 bis 20 Uhr kann es laut werden, denn dann ist der direkt vor dem Hotel gelegene große Kinderspielplatz gut besucht. Gutes Preis-Leistungs-Verhältnis, freundliches Personal und ein gutes Frühstück.

🚹 163 E5
🏠 Calle El Pozo 3
☎ 928 535 153

➕ 163 E5
✉ Calle María Santana Figueroa
☎ 928 867 344

Riu Palace Tres Islas €€€€

Wer gerne in einer Nobelherberge urlaubt, fühlt sich in diesem 4-Sterne-Hotel sicher wohl. Es befindet sich direkt am weißen Sandstrand rechts neben den Dünen. Die beiden großen Pools liegen in schöner Umgebung. Der Hotelname bezieht sich auf die drei Inseln Lanzarote, Lobos und Fuerteventura.

➕ 163 E5
✉ Avenida Grandes Playas
☎ 928 535 700, www.riu.com

VILLAVERDE

Hotel Rural Mahoh €€

Das Mahoh ist ein altes Landhaus, das aus vulkanischem Gestein und Holz gebaut wurde und aus dem 19. Jh. stammt. In allen neun Zimmern sorgt ein Steinboden für Kühlung. Zum rustikal-romantischen Flair tragen die Antiquitäten sowie Details wie Himmelbetten in vier der Zimmer bei. In der gepflegten Anlage befinden sich ein Pool, ein Sportareal mit Tennisplätzen und Pferdeställe (Ausritte möglich). Das Restaurant (▶ 60) zählt zu den Besten der Insel, deshalb empfiehlt sich Halbpension. Das Frühstück ist im Preis inbegriffen.

➕ 163 D4
✉ Sitio de Juan Bello, Carretera Villaverde–La Oliva
☎ 928 868 050, www.mahoh.com

EL COTILLO

Casa Tile €€

Das Landhaus, das Mitte des 19. Jhs. gebaut wurde, liegt 2 km landeinwärts von El Cotillo und bietet bis zu vier Personen das perfekte Feriendomizil. Das Haus ist seit 150 Jahren in Besitz einer Familie und wurde kürzlich einfühlsam renoviert, ohne den Charakter zu zerstören. Der Wohnbereich, das Bad und die Schlafräume sind von der Küche mit Essbereich durch einen offenen Hof getrennt; ein kleiner Pool ist vorhanden. Zur Ausstattung gehören ein Fernseher, eine Waschmaschine und ein Grill. In der Haupt- und Zwischensaison liegt die Mindestaufenthaltsdauer bei einer Woche.

➕ 162 C4
✉ El Roque
☎ 630 963 711, www.secretdestinations.com, www.ecoturismocanarias.com

Cotillo Sunset Apartments €–€€

Die attraktive kleine moderne Anlage mit 32 einstöckigen Studios liegt direkt am Strand und nur fünf Minuten zu Fuß von den schönen Buchten entfernt. Jedes der Studios ist anders eingerichtet und bietet eine gut ausgestattete Küche sowie einen mit Gartenmöbeln ausgestatteten Balkon bzw. eine Terrasse. Der Pool ist 12 x 6 m groß, auch ein beheizter Jacuzzi ist vorhanden. Für die Kleinen gibt es ein Planschbecken. Kleine Zwischenmahlzeiten bekommt man im Restaurant El Veril (▶ 59), das auch Gerichte zum Mitnehmen anbietet.

➕ 162 C4 ✉ Avenida de los Dos Lagos, ☎ 928 175 065, www.secretdestinations.com, www.cotillosunset.com

LAJARES

El Patio de Lajares €€€

Dieses elegante und charmante Restaurant unter deutscher Leitung und mit Gästezimmern betritt man über einen traditionellen Patio. Es hat sechs komfortable und geräumige Zimmer mit Air-Condition, die in hohem Standard traditionell und modern zugleich eingerichtet sind. Jedes Zimmer hat eine Terrasse, TV, Mini-Bar und ein luxuriöses Bad. Es gibt einen Pool, Wellness-Einrichtungen wie ein japanisches Fußreflexzonen-Bad, ein kleines Lava- und Mineral-Spa, ein Fitness-Center und Aloe-Vera-Behandlungen. Das Restaurant ist sehr zu empfehlen.

➕ 163 D4
✉ Calle la Cerca 9, Lajares
☎ 650 134 030, www.patio-lajares.com

Wohin zum ...
Einkaufen

Im Norden der Insel konzentrieren sich die Einkaufsmöglichkeiten auf die *centros comerciales* (Einkaufszentren) und die Hauptstraßen von Corralejo. Insgesamt gibt es nur sehr wenige Geschäfte im Inselnorden.

CORRALEJO

Die Hauptstraße des Ortes, Avenida Nuestra Señora del Carmen (oder: Strip), und die vielen Einkaufszentren bieten jede Menge Modegeschäfte. Surfartikel prägen das Bild – es gibt mindestens ein Dutzend *Bona-fide*-Surfgeschäfte, die jedoch recht teuer sind. Das schicke Ziegen-Logo im **New Territory** **Fuerteventura** ist das Symbol der Insel. Kleidungsstücke internationaler Firmen werden hier zu ähnlichen Preisen wie in Mitteleuropa gehandelt.

Wer etwas Außergewöhnliches sucht, geht ins **Las Gatas**, dessen Eingang in Anlehnung an den katalanischen Architekten Gaudí gestaltet wurde. Ein weiteres ungewöhnliches Geschäft am Strip ist die **Panaderia de Don Juan** (Nr. 20). Die altmodische Traditionsbäckerei ist ideal für Selbstversorger, ein kleines Café lädt zum Ausprobieren ein.

An der Ecke Calle Lepanto und Calle Isaac Peral bietet **World Natural Cotton** eine gute Auswahl an Leinen- und Baumwollartikeln zu vernünftigen Preisen für Frauen ab Mitte 20. Auch im **Pachamama** gibt es Baumwoll- und Leinenkleidung, außerdem Aloe-Vera-Produkte. Zweigstellen finden sich am Strip und in der Calle La Milagrosa.

Riu Parfum oben an der Avenida offeriert die stadtweit beste Auswahl an Kosmetik und Parfum.

Ein paar nette kleine Läden liegen unweit des Hafens: **Mystic**, an der Ecke Calle María Santana Figueroa und Calle Isla de Lobos, ist wohl eines der besten der Kunstgewerbeläden und Souvenirs aus der ganzen Welt. Hier gibt es Aloe-Vera-Produkte, Kunst aus Haiti, reizvolle Holzskulpturen und Kunstobjekte, schicke Seidenkleidung, Ethnoschmuck und Accessoires. Wer noch mehr in diesem Stil sucht, geht ins **Arco Iris** um die Ecke.

Der **Markt** von Corralejo (▶ 42) wird Montag und Freitag (9–13 Uhr) am Baku an der Avenida Nuestra Señora del Carmen abgehalten und eignet sich gut zum Feilschen; es gibt viele afrikanisch angehauchte Artikel.

VILLAVERDE

Die **Casa Marcos** an der Hauptstraße hat sich auf Ausflugsbusse eingestellt und wirkt wie ein Minidorf. Es gibt hier Wein, Käse, Eingemachtes, Töpferwaren und Andenken. Lokale Produkte wie Käse sind auch in **La Rosita** (▶ 56f) zu haben.

LA OLIVA

Im **Centro de Arte Canario** stehen Arbeiten heimischer Künstler zum Verkauf – von Postkarten für ein paar Cent bis hin zu teuren Originalen.

LAJARES

Lajares ist für seine Stickerei-Schule bekannt. Sie ist heute an einen der besten Kunsthandwerksläden der Insel angeschlossen. Den Laden findet man in der Dorfmitte an der Hauptstraße. Die Werkstatt wurde 1950 gegründet und nimmt für sich in Anspruch, die einzige echt kanarische auf der ganzen Insel zu sein. Zu ihren bekanntesten Produkten gehören die bestickten Tischtücher und Servietten sowie Spitzen. Die **Artesanía Lajares** bietet aber auch anderes Kunsthandwerk, außerdem Aloe-Vera-Produkte, Kleidung, Lebensmittel wie Wein und Käse, Konserven und Andenken an.

Da Surfer auf dem Weg ins benachbarte El Cotillo durch Lajares kommen, haben sich auch entsprechende Spezialgeschäfte hier niedergelassen. Wer ein Brett, einen Anzug oder auch nur ein T-Shirt braucht, findet im **Witchcraft** und im **Magma** am Ende des Dorfes ein paar ganz witzige Sachen.

Wohin zum ...
Ausgehen?

Die Strände von Corralejo und El Cotillo sind für ihre hervorragenden Wassersportbedingungen (▶ 12ff) berühmt. Das ausgelassene Leben am Strand setzt sich in Corralejo auch nach Einbruch der Dunkelheit fort – die Urlauber tummeln sich in Diskos, Karaoke-Bars, Sportbars und englischen Pubs. Spezielle Nachtclubs gibt es jedoch keine.

WASSERSPORT

Zum **Windsurfen** und **Kiteboarden** geht man an die Playa de Corralejo (▶ 32f) und an die Playa Castillo von El Cotillo. Das Flag Beach Windsurf and Kitesurf Centre ist das größte und etablierteste Unternehmen im Norden. Es befindet sich am gleichnamigen Flag Beach. Geboten ist erstklassiger, hervorragend strukturierter Unterricht für Anfänger wie Forgeschrittene in den Disziplinen Windsurfen, Wellenreiten, Bodyboarden und Kitesurfen (Tel. 928 866 711 389; 630 062 131, www.flagbeach.com).

Weitere Surfstrände befinden sich in El Cotillo sowie westlich des Hafens von Corralejo (Tauchen siehe Seite 27).

NACHTLEBEN

Die Bars und Kneipen von Corralejo können mit einer lebhaften Musikszene aufwarten. Eine der besten ist die **Rock Island Bar** in der Calle Crucero Baleares (www.rockisland bar.com), sie bietet jeden Abend Live-Auftritte mit akustischer Musik – bei hervorragendem Sound. **Imagine**, eine Bar gleich um die Ecke, hat sich ebenfalls der akustischen Musik verschrieben, sie ist jeden Abend geöffnet. Irische Gruppen und einheimische Musiker spielen im **Rosie O'Grady's** in der Calle Pizarro und im **The Dubliner** in der CC Atlantico auf.

Eine Programmübersicht findet sich im *Fuerteventura Grapevine*, einer monatlich erscheinenden Broschüre, die in vielen Restaurants, Kneipen und Bars kostenlos ausliegt oder besuchen Sie www.fuerteventuragrapevine.net

Wer sich in eine Diskothek stürzen will, geht ins **Waikiki** in der Avenida Hernández Marán. Und wem der Sinn nach Travestie steht, geht in die freche **Sadie's Drag Bar** in der Calle Isaac Peral mit Kabarett und Komödie (Do–Di 20–2 Uhr).

AUSFLÜGE

Mit dem Schiff

Täglich starten verschiedene Ausflugsfahrten im Hafen von Corralejo. Sehr zu empfehlen ist ein Tag auf der *Catlanza* (Tel. 928 513 022, 609 667 246, www.catlanza.com), einem 23 m langen Luxus-Katamaran, der die Papagayo-Strände auf Lanzarote anfährt. Wer will, kann sich auf Jet-Skier stellen. Mit ein bisschen Glück sieht man beim Schnorcheln Delphine.

Die *Siña María* (Tel. 686 725 327) ist ein 18 m langer Luxus-Katamaran unter deutscher Leitung, der sich auf Hochseefischen spezialisiert hat und ebenfalls von Corralejo aus operiert. Vor der Isla de Lobos geht das Schiff vor Anker.

Über Land

Wer das felsige Gelände auf drei Rädern erkunden will, mietet sich ein Trike bei Fuertetrike (gültiger Führerschein erforderlich) oder lässt sich fahren (Mobil 649 938 581, www.free webs.com/fuertetrikes). Wer mehr Stabilität bevorzugt, nimmt ein Quad-Bike bei FuerteAdventure (Tel. 928 866 552, 660 099 694). Zwei Personen können sich ein Vehikel teilen, wenn sie zusammen weniger als 115 kg wiegen. Ventura biking bietet Mountain-Bike-Touren zwischen 16 und 86 km an (www.ventura-biking.com).

Das Inselzentrum

Erste Orientierung

Das Inland von Fuerteventura bietet nicht nur ein spektakuläres Bergpanorama, sondern auch Dörfer wie Betancuria, Vega de Río Palmas, Pájara und Antigua. Sie zählen zu den ältesten der Insel. Unterwegs lassen sich herrliche Kirchen und schöne Beispiele spanischer Kolonialarchitektur besichtigen. Für den Hunger zwischendurch kann man in einigen der besten Restaurants der Insel einkehren. Während Betancuria an bedeutende historische Ereignisse Fuerteventuras erinnert, dokumentiert das Ecomuseo de la Alcogida bei Tefía, wie einfache Majoreros im letzten Jahrhundert dem kargen Land ihren Lebensunterhalt abtrotzten. Die Fahrt von Tefía nach Pájara hinunter ist eine Vergnügungsfahrt: Die Straßen sind beschaulich, überall warten Aussichtspunkte (*miradores*) mit herrlichem Panoramablick.

Viele Urlauber ziehen die Ostküste wegen des nahen Flughafens und des neuen Ferienorts Caleta de Fuste dem Norden vor. Nördlich von Caleta de Fuste liegt ebenfalls an der Ostküste die vom Tourismus verschont gebliebene Hauptstadt Puerto del Rosario, ein Stück südlich des Ferienortes das hübsche Fischerdorf Salinas del Carmen. Es ist wegen der ruhigen Atmosphäre und des vor kurzem eröffneten Salzmuseums einen Besuch wert.

Die Westküste von Fuerteventura ist dagegen wild und ursprünglich, beredtes Zeugnis davon legt das Schiffswrack der *American Star* an der Playa de Garcey ab. Einen Besuch wert ist auch die riesige Caleta Negra, eine Höhle nördlich von Ajuy. Ein Ausflug an die Westküste sollte in keinem Inselurlaub fehlen, doch bedenken Sie immer die gewaltige Kraft des Meeres.

Windmühlen und malerische Dörfer erwarten den Besucher im Zentrum der Insel

Punta del Tarajalito

Ajuy
9

Playa de la Solapa

385m
▲
Montaña
Gavioto

Fayagua

FV605

★ **Nicht verpassen!**

Nach Lust und Laune!

Das Inselzentrum in zwei Tagen

Erster Tag

Vormittags

Fahren Sie von **6 Caleta de Fuste** an **5 Puerto del Rosario** vorbei gen Norden und dann auf der FV20 ins Landesinnere in Richtung Betancuria und Antigua. Anschließend geht es nach Norden, um den restlichen Vormittag im **3 Ecomuseo de La Alcogida** von Tefía (➤ 74) zu verbringen. Fahren Sie nun nach Westen, denn in **4 Los Molinos** (➤ 75) wartet ein spätes Mittagessen mit Fisch.

Nachmittag

Kehren Sie zur FV20 zurück, um sich wieder auf den Weg nach Betancuria zu machen. Nachdem Sie das Valle de Santa Inés durchquert haben, biegen Sie in Richtung **2 Antigua** (unten) ab und besuchen dort das **11 Centro de Interpretacíon de los Molinos** (➤ 78). Das Restaurant bietet kanarische Küche vom Feinsten. Über die FV50 und FV2 geht es in Richtung Osten zurück, bis **7 Salinas del Carmen** (➤ 76) am Meer erreicht ist. Statten Sie dem Salzmuseum einen Besuch ab und essen Sie im Restaurant *Los Caracolitos* (➤ 81).

Zweiter Tag

Vormittags

Fahren Sie direkt nach ❶ **Betancuria** (oben und rechts, ➤ 70), wo Sie die Kirche (gegenüberliegende Seite), das Museo de Arte Sacro und die Casa Santa María besichtigen können. Wer Hunger hat, kehrt in einem der drei Cafés der Casa Santa María oder im hervorragenden *Don Antonio* (➤ 81) in ❽ **Vega de Río Palmas** (➤ 77) ein.

Nachmittags

Fahren Sie in Richtung Süden durch Vega de Río Palmas (rechts) in Richtung Pájara.
Vor der Besichtigung der berühmten Kirche biegen Sie zunächst rechts zum Dorfzentrum ab und folgen dann der Beschilderung nach ❾ **Ajuy** (➤ 77), wo Sie an der Küste entlanglaufen können, die sich als erster Teil der Kanaren vor Jahrmillionen aus dem Meer erhob. Hier finden Sie gute Fischrestaurants. Inzwischen sollte die Kirche in ❿ **Pájara** (➤ 78) geöffnet haben. Das Abendessen mundet dann gleich gegenüber im Restaurant *La Fonda* (➤ 81).

Hinweis

Der Autoausflug auf Seite 145ff bezieht einige der Orte im Zentrum der Insel mit ein.

□ Betancuria

Durch die ehemalige Hauptstadt der Insel weht bis heute ein Hauch von Geschichte – das Dorf ist die bedeutendste Sehenswürdigkeit Fuerteventuras. Wer wenig Zeit hat, kann die Hauptsehenswürdigkeiten in zwei oder drei Stunden anschauen. Wer in die besondere Atmosphäre eintauchen will, sollte jedoch mit Muße durch die Straßen schlendern, die Häuser mit Fassaden und Portalen aus dem 16. und 17. Jh. bestaunen und zwischendurch einen Kaffee trinken oder etwas essen. In Betancuria haben sich einige der besten Inselrestaurants und -lokale etabliert.

Am einfachsten erreicht man Betancuria vom Süden her. Gleich am Ortseingang bietet sich eine Bilderbuchansicht des Dorfes: Der Blick schweift über das ausgetrocknete Flussbett mit der Kirche Santa María aus dem 17. Jh. Sie wird von einigen ebenso strahlend weißen, ehrwürdigen Gebäuden eingerahmt, auf die Palmen ihre Schatten zeichnen. Der Eroberer der Insel, Jean de Béthencourt (▶ 9), gründete die Hauptstadt 1404 bewusst ein gutes Stück vom Meer entfernt, um Piratenüberfälle von Berbern zu vermeiden. Leider ließen sich diese dadurch nicht abschrecken und zerstörten 1593 die Kirche und nahmen 600 Anwohner als Sklaven gefangen. Betancuria fungierte bis 1834 als Hauptstadt, verfiel dann jedoch in eine Art Dornröschenschlaf, aus dem es erst durch den Tourismus wieder geweckt wurde.

Die Iglesia de Santa María zählt zu den schönsten Kirchen Fuerteventuras

Iglesia de Santa María

Die 1620 neu aufgebaute Kirche zählt zu den schönsten der Insel. Die in Pastelltönen naiv bemalten Seitenaltäre bilden einen interessanten Gegensatz zum barocken Hochaltar. Beachten Sie

die gotischen Spitzbögen und eine Kanzel in der Form eines Weinglases, außerdem die Holzdecke im Mudéjar-Stil und ein Gemälde vom Jüngsten Gericht. Alte Grabsteine sind in den unebenen Boden aus Steinplatten eingelassen. Die normannische Holzskulptur der hl. Katharina ist eines der ältesten Zeugnisse aus der Zeit nach der Eroberung im ganzen Archipel.

Die restaurierte Casa Santa María ist eine der Hauptattraktionen der Stadt

Casa Santa María

Direkt gegenüber der Kirche steht die Casa Santa María. Auf den ersten Blick meint man, es handle sich einfach nur um ein hübsches Restaurant und Café (▶ 79). Die Casa gehört jedoch zum größten Haus des Dorfes, das weitgehend aus dem 16. Jh. stammt. Vor kurzem wurde es von einem Deutschen restauriert und ist nun eine der bekanntesten Sehenswürdigkeiten der Insel. Um in das Gebäude zu gelangen, muss man am Restaurant entlang zum Eingang des Museo de Artesanía gehen. Hier stehen in schönen, im Kolonialstil gestalteten Räumen sowie auf den Terrassen und in den begrünten Höfen einheimische Waren zum Verkauf. Lokale Köstlichkeiten können probiert werden, Künstler demonstrieren ihr Handwerk, ein Kakteengarten lädt zur Besichtigung ein. Versäumen Sie auf keinen Fall die audiovisuelle Fotoshow mit Arbeiten der Fotografen Reiner Loos und Luis Soltmann.

Der Pozo del Diablo-Felsen in den Ruinen des Convento de San Buenaventura

Museo de Arte Sacro

Diese kleine Sammlung sakraler Kunst ist in der ehemaligen Residenz der Kirchenbehörde aus dem 16. Jh. untergebracht. Zu den Höhepunkten zählt die Statue von Santiago (hl. Jakob): Die Spanier brachten sie auf die Insel in der Hoffnung, auf diese Weise die Guanchen zu christianisieren. Ausgestellt ist außerdem der Pendón de la Conquista, das Eroberungsbanner von Béthencourt.

Convento de San Buenaventura

Etwa 200 m nördlich der Kirche befindet sich in einer Schlucht gleich bei der Hauptstraße die Ruine des Convento de San Buenaventura. Das Franziskanerkloster ist das älteste auf der Insel und wurde von Mönchen gegründet, die mit den fran-

Besuchen Sie die Kloster-ruinen (unten) und anschlie-ßend die Bodega Santa María, in der Sie Weine probieren kön-nen (oben)

zösischen Eroberern nach Fuerteventura kamen. Als 1836 das Dach einstürzte, gaben die Mönche das Kloster auf.

Museo Arqueológico y Etnográfico

Die Hauptattraktion dieser wenig einfallsreichen Sammlung von Zeugnissen aus der Guanchenzeit sind die Artefakte aus der Cueva de los Ídolos, einer Höhle in Villaverde. Man sollte sich am Schalter eine kleine Broschüre kaufen, in der die spanischen Erklärungen in mehrere Sprachen übersetzt sind.

KLEINE PAUSE

Einkehrmöglichkeiten in und um Betancuria ➤ 79ff.

✚ 165 D5

Iglesia de Santa María und Museo de Arte Sacro
✉ Calle Carmelo Silvera ☎ 928 878 003 ◷ Mo–Fr 11–16.30, Sa 11–15.30 Uhr 💰 Kombiticket, preiswert

Casa Santa María
✉ Casa Santa María Museo de Artesanía ☎ 928 878 282
◷ Mo–Sa 11–16 Uhr 💰 teuer

Museo Arqueológico y Etnográfico
✉ Calle Roberto Roldán (Hauptstraße) ☎ 928 862 342
◷ Di–Sa 10–17, So 11–14 Uhr 💰 preiswert

BETANCURIA: INSIDER-INFO

Top-Tipps: Man sollte sehr früh oder recht spät kommen, um die vielen Bus-ausflügler zu meiden. Am Sonntag hat fast alles geschlossen.

Ein Muss! Die Multimediashow in der Casa Santa María macht Lust auf eine Erkundung der Insel. Da die Bilder mit Musik unterlegt sind, bestehen keine Sprachprobleme.

Geheimtipp: Die britische Bronzekanone im Garten vor dem **Museo Arqueo-lógico** stammt aus der Schlacht von Tamasite bei Tuineje. 1740 griffen englische Freibeuter die Insel an, wurden jedoch von 37 Einheimischen mit Musketen und landwirtschaftlichen Geräten zurückgeschlagen. 30 Engländer und fünf Einheimische kamen dabei ums Leben (➤ 17).

2 Antigua

Antigua hat mit der nahe gelegenen Nachbarstadt Betancuria auf der anderen Seite des Gebirgszugs viel gemeinsam. Wie schon der Name ausdrückt, ist das Dorf alt (span. *antigua*): Es wurde 1485 von Siedlern aus der Normandie und aus Andalusien gegründet. Der Ort war ebenfalls einmal Hauptstadt der Insel – je nach Definition ein Jahr oder 25 Jahre. Antigua wirkt heute sehr gepflegt, lockt allerdings nicht so viele Touristen an wie Betancuria. Eine der Hauptattraktionen ist die Windmühle.

Das Zentrum Antiguas bildet ein hübscher Platz mit der kleinen Kirche Nuestra Señora de Antigua aus dem Jahr 1785.

Im Norden des Dorfes liegt das **Centro de Artesanía Molino**, ein Miniatur-Museumsdorf und Ausstellungszentrum, das unter der Regie von César Manrique (▶ 108) entstanden ist. Das Zentrum bildet die restaurierte 200 Jahre alte Mühle inmitten eines Kakteengartens. Zur Anlage gehören auch ein Zentrum für Kunsthandwerk sowie ein Geschäft, eine Galerie und Ausstellungsräume mit völkerkundlichen und archäologischen Exponaten sowie ein netter kleiner Platz mit einem Café. Das Restaurant La Molina wurde in einen großen runden Kornspeicher integriert. Werfen Sie einen kurzen Blick in die Räume, selbst wenn Sie dort nichts essen (▶ 79f) möchten.

In Antigua steht eine der meistbesuchten Windmühlen Fuerteventuras

KLEINE PAUSE

Das Restaurant *La Molina* eignet sich perfekt für eine Pause, sei es für eine Mahlzeit oder ein Getränk (▶ 79f).

➕ 165 D5

Centro de Artesanía Molino
✉ Zentrum ☎ 928 862 342
🕐 Di–Fr, So 9.30–17 Uhr 💶 preiswert

ANTIGUA: INSIDER-INFO

Top-Tipps: Es kann sein, dass einige Bereiche des Centro wegen Personalmangels geschlossen sind. Da hier häufig Ausflugsbusse Halt machen, kann es voll werden.

Muss nicht sein! Die Exponate der Ausstellung über die Cueva de Villaverde sind ausschließlich spanisch beschriftet.

3 Ecomuseo de La Alcogida

Das Freilichtmuseum präsentiert ein Stück Dorfleben, wie es typisch für die Insel vor 50 bis 100 Jahren war. Insgesamt lassen sich fünf Häuser und Bauernhöfe besichtigen, planen Sie deshalb ein paar Stunden für den Besuch ein.

Das erste Gebäude steht beispielhaft für ein einfach möbliertes, bescheidenes Familienhaus. In einem gemauerten Schuppen erklärt ein Film (nur auf Spanisch), wie die Häuser in den 1990er-Jahren rekonstruiert wurden. Das Haus von Señor Teodisio dient als Beispiel für das Heim einer wohlhabenden Familie; meist sind zur Freude der Besucher ein Kamel und zwei Esel davor angebunden. Der dritte Gebäudekomplex ist ein Bauernhof mit fünf Gebäuden; eines davon ist eine *tahona* – eine von einem Esel betriebene Mühle. Ein Museumswärter spannt alle paar Minuten einen Esel ein und demonstriert, wie die Mühle funktioniert. Aber Achtung, sobald die Mühle läuft, fliegt überall Staub und Korn herum. Ein weiteres Gebäude zeigt die Arbeit von Rattanflechtern, Töpfern, Webern und Steinmetzen.

Im Ecomuseo de La Alcogida erfährt man viel über alte Handwerkskunst und Brauchtum der Insel

KLEINE PAUSE

Im Empfangsbereich befindet sich eine kleine Café-Bar mit niedriger Decke, in der sich gerne die Einheimischen treffen. Trinken Sie etwas und probieren Sie eines der frisch gebackenen Anisbrötchen. Die nächsten guten Restaurants befinden sich in Los Molinos (▶ 80).

✚ 162 C2 ✉ Tefía ☎ 928 878 049, www.majorero.com/laalcogida
🕐 Di–Fr, So 9.30–17.30 Uhr 👟 mittel

Nach Lust und Laune!

4 Los Molinos

Das kleine Fischerdorf ist malerisch und bei Einheimischen wie Touristen gleichermaßen beliebt. Es zählt außerdem zu den wenigen Orten, an denen man auf der wüstenhaften Insel frisches, fließendes Wasser zu sehen bekommt. Eine Fußgängerbrücke führt über einen seichten Bach, der langsam dahinplätschernd in eine kleine Lagune mündet. Vor dem Restaurant Casa Pon finden sich hin und wieder Enten oder Watvögel ein. Die um die Ecke gelegene *La Terraza* (▶ 80) ist eine gute Möglichkeit, um sich mittags am Strand einen köstlichen Fisch zu gönnen. Im Sommer lockt der goldene Sandstrand, im Winter waschen ihn die Wellen weg und legen die schwarzen Kieselsteine frei. Wie durch Zauberhand ist der goldene Sand im Sommer dann aber wieder da.

 162 C3

5 Puerto del Rosario

Die Hauptattraktion der Inselhauptstadt ist wohl ihr Nachtleben – das allerdings mehr auf die jungen Einheimischen abzielt. Zu den zurückhaltenden Attraktionen zählen die Einkaufsstraßen Calle Primero de Mayo und die Calle León y Castillo. Die wichtigste Kirche der Stadt ist die zartblaue Iglesia Nuestra Señora del Rosario aus dem Jahr 1830. Daneben findet sich die **Casa Museo Unamumo**. Sie war einst das bescheidene Hotel Fuerteventura, in dem der Dichter Miguel Unamuno (▶ 76) wohnte.

An der Ecke der Calle Primero de Mayo und der Calle Jesús y María wartet die *Cafetería Naufragio*. Wer sich ansehen will, wie der Luxus-Liner *American Star* (▶ 28f) einmal innen ausgesehen hat, sollte einen Blick auf die geborgenen Relikte im Café werfen.

163 E2

Casa Museo Unamuno
✉ Calle Virgen del Rosario ☎ 928 862 376 🕙 Mo–Fr 9–14 Uhr 💶 preiswert

Boote im Hafen von Puerto del Rosario

Die spanische Fremdenlegion

Allen Behauptungen alter Reiseführer zum Trotz ist die spanische Fremdenlegion inzwischen nicht mehr in der Hauptstadt stationiert – die Legionäre wurden 1996 abgezogen. Wegen der Alkoholexzesse und der Schlägereien vermisst sie allerdings kaum jemand. In der Nähe des Flughafens befindet sich noch ein Trainingslager.

Ein umstrittener Dichter

Don Miguel Unamuno wurde 1864 in Bilbao geboren und 1900 zum Direktor der Universität Salamanca, Spaniens Elite-Uni, gewählt. Hier ging er seiner Leidenschaft für Dichtung und Philosophie nach. Wegen seiner Kritik am Monarchen wurde der erklärte Republikaner schließlich seines Amtes enthoben, im März 1924 schließlich nach lautstarker Kritik am spanischen Premierminister Primo de Rivera nach Fuerteventura ins Exil geschickt. Nur vier Monate später floh er nach Paris, wo er bis 1930 wohnte. Als Rivera der Macht enthoben wurde, kehrte Unamuno nach Spanien zurück. Bei Ausbruch des Bürgerkriegs entschloss er sich zunächst zum Schulterschluss mit Franco, wandte sich dann aber gegen ihn und wurde deshalb bis zu seinem Tod 1936 unter Hausarrest gestellt. Während seines kurzen Aufenthalts auf Fuerteventura entwickelte Unamuno eine echte Sympathie für die spartanische Insel und das einfache Leben ihrer Bewohner.

Da er in vielen seiner Texte Bezug auf Fuerteventura nahm und der einzig Gelehrte ist, zu dem Fuerteventura eine persönliche Beziehung hat, wird um seine Person auf der Insel viel Aufhebens gemacht. Sein viel zitierter Ausspruch »Fuerteventura ist eine Oase in der Wüste der Zivilisation« ist in alle Reiseführern über die Insel zu einem Mantra geworden. Eine bescheidene Statue von Unamuno steht am Fuß der Montaña Quemada (▶ 146).

6 Caleta de Fuste

Der beliebte und saubere Ferienort ist eine Ansammlung niedriger Apartmenthäuser und Einkaufszentren, die sich rund um eine geschützte Bucht und einen kleinen Hafen schmiegen. Bis vor kurzem hieß der Ort noch El Castillo, benannt nach dem Castillo de Fuste, einem gedrungenen Wehrturm aus schwarzem Stein (1741). Der Turm gehört nun zum Hotel Barceló und bildet das Kernstück einer Pool-Landschaft. Ein paar Meter weiter ragt am Hafen ein schwarzer Leuchtturm auf.

Der Strand wurde künstlich angelegt und ist mittelmäßig. Sein großes Plus ist die Familienfreundlichkeit und die Möglichkeit, hier Surfunterricht nehmen zu können. Im Hafen gibt es kleines Aquarium sowie die Anlegestellen einiger Ausflugsboote (▶ 84).

✚ 165 F5

7 Salinas del Carmen

In den Salzpfannen gewann man an dieser Stelle seit dem 18. Jh. Meersalz. Die sichbaren Pfannen stammen aus dem Jahr 1910 und waren noch bis vor kurzem in Betrieb. Sie wurden für das neue Museo de Sal (Salzmuseum) renoviert und Tafeln erklären, wie das Salz getrocknet, gereinigt und in dem *almacén* (Lagerhaus) gelagert wurde. Mittels Eisenbahnwagons brachte man das so gewonnene Salz anschließend zu den Booten des nur 100 m entfernten kleinen Fischerdorfes.

Auf Metallpfosten thront hoch über den Salzpfannen das 15 m lange Skelett eines Wals, der hier vor gar nicht langer Zeit strandete. Vogelliebhaber können in den Salzpfannen und in der Bucht Wasservögel beobachten.

✚ 165 F5

Caleta de Fuste, ein freundlicher Ferienort

Vega de Río Palmas ist einer der grünsten Orte der Insel

Museo de Sal
☎ 928 174 926
🕐 Di–Fr, So 9.30–17.30 Uhr

8 Vega de Río Palmas

Wie der Name schon vermuten lässt, ist dieses Tal eines der fruchtbarsten auf der ganzen Insel. Palmen geben den Mini-Oasen Schatten und werden mit Hilfe von unzähligen Pumpen bewässert, die das Wasser aus großer Tiefe holen. Zu den wenigen Stauseen der Insel zählt die Embalse de las Peñitas, auf die man von der Hauptstraße hoch oben blickt. Ein bekanntes Motiv ist auch die kleine weiße Kapelle der Virgen de la Peña (➤ 148).

Die Dorfkirche **Ermita Virgen de la Peña** stammt aus dem späten 18. Jh. und lohnt auch einen Blick in den Innenraum. Am dritten Samstag im September findet hier eine der farbenfrohesten Fiestas von Fuerteventura statt (➤ 17).

✚ 164 C5

Kirchenräume

Einige Details sind allen Kirchen aus dem 18. Jh. (u. a. in Betancuria, Antigua, La Oliva und Pájara) gemeinsam: Sie alle haben eine Kanzel in Form eines Weinglases, eine maurische Decke sowie ein Gemälde von Christus dem Weltenherrscher mit den verlorenen Seelen in der Hölle.

Ermita de la Virgen de la Peña
✉ Stadtzentrum
🕐 Di–So 11–13, 17–19 Uhr

9 Ajuy

1402 landeten die französischen Eroberer unter der Führung von Jean de Béthencourt hier erstmals auf Fuerteventura. Heute ist das ruhige Fischerdorf auch unter dem Namen Puerto Peña bekannt. Hauptanziehungspunkte sind der schwarze, bei Surfern sehr beliebte Sandstrand sowie die Fischlokale. Die einheimischen Fischer können nur von Mai bis Oktober aufs Meer hinausfahren – im Winter ist die See vor der Küste zu rau.

Ein lohnenswerter Spazierweg beginnt an den Treppen, steigen Sie diese hinauf und wandern Sie am Klippenrand entlang. Weiter nordwärts befinden sich einige Höhlen, die tiefste ist die Caleta Negra mit 600 m. Auch erfahrene Höhlengänger sollten sich beim

Abstieg vorsehen und immer den starken Seegang beachten.

➕ 164 B5

🔟 Pájara

Das Dorf errang einst bei einem Wettbewerb um das sauberste Dorf ganz Spaniens den achten Platz. Deshalb überrascht es wenig, dass Pájara wie aus dem Ei gepellt wirkt und seine Gäste mit einer bunten Blumenpracht willkommen heißt – eine Wohltat für die Augen nach den vielen Braunschattierungen im Landesinneren. Das Dorf ist eines der ältesten auf der Insel, es wurde im 16. Jh. gegründet. Eine seiner Hauptsehenswürdigkeiten ist Nuestra Señora de la Regla (1685). Die Steinmetzarbeiten am Portal zeigen zwei Indianer mit Kopfschmuck, außerdem stilisierte Vögel und andere Tiere. Die Motive wirken aztekisch, da aber Material und Technik auf einheimische Künstler schließen lassen, ist der eigenwillige Stil bis heute ein Rätsel.

➕ 164 C4

🔟 Centro de Interpretación de los Molinos

Das Gebiet war einst der »Brotkorb« des Landesinneren, und so ist der Ort für ein Mühlenzentrum passend gewählt. Sie finden die Ausstellung in einem hübschen alten, restaurierten Haus mit

Pájara beeindruckt durch seine Farbenpracht und hübsche Architekturdetails

Garten. Zu den Exponaten zählen Handmühlen, von Tieren betriebene Mühlen und Windmühlen – eine in Originalgröße kann man sogar betreten.

➕ 165 D5 ✉ Calle la Cruz 13, Tiscamanita (Tuineje) ☎ 928 851 400 🕐 Di–So 9.30–17.30 Uhr 🏷 preiswert

🔟 Gran Tarajal/Las Playitas

Der Ort ist zwar der zweitgrößte nach Puerto del Rosario, doch sieht man einmal vom gepflegten schwarzen Sandstrand ab, wird hier wenig geboten. Man fährt also besser 6 km weiter nordwärts zum kleinen Fischerdorf Las Playitas. Dort ist die Atmosphäre nett, und die Fischlokale sind allseits beliebt.

➕ 165 D3

Abseits der Touristenwege

Pájara ist das nächstliegende Dorf zum berühmten Schiffswrack *American Star* (► 28f).

Fünf gute Fischrestaurants

• *Casa Victor*, Las Playitas (► 81)
• *Frasquita*, Caleta de Fuste (► 80)
• *Puerto de la Peña* (Casa Pepin), Ajuy (► 81)
• *La Terraza*, Los Molinos (► 80)
• *Los Caracolitos*, Salinas del Carmen (► 81)

Wohin zum ...
Essen und Trinken?

Preise

Die Preise gelten pro Person für ein Drei-Gänge-Menü ohne Getränke und Service:

€ unter 15 Euro €€ 15–25 Euro €€€ über 25 Euro

BETANCURIA

Casa Princess Arminda €€

Das Casa Princess Arminda ist im Zentrum des Ortes in einem Gebäude aus dem 16. Jh. untergebracht und zeichnet sich durch hausgemachte kanarische Gerichte aus. Regionale Produkte werden verwendet und zum Teil selbst angebaut. Die Spezialität ist Lammragout mit dem Aroma frischer Kräuter. Beenden Sie das Mahl mit einem Bananen-Mandel-Kuchen.

✚ 165 D5 ⊠ Calle Juan de Bethencourt, 2 ☎ 928 878 979, www.princessarminda.com

Casa Santa María Cafe Bar €€

Man betritt das Café durch eine dunkle, stimmungsvolle Bar, in der Schinken, Knoblauch und riesige Kuhglocken von der Decke baumeln. Auf der Karte stehen Weine aus eigenem Anbau sowie Muskateller vom Fass aus Lanzarote. Zwei sonnige Innenhöfe sind mit Olivenbäumen, Vorratsgefäßen sowie mit Yuccas, Kakteen und bunten Bougainvilleen schön dekoriert.

✚ 165 D5
⊠ Plaza Iglesia
☎ 928 878 282
🕐 Sept.–Juni 11–18 Uhr, Juli–Aug. 12–19 Uhr

Casa Santa María Cafe Bar (im Museo de Artesanía) €€

Setzen Sie sich auf der erhöht liegenden Terrasse unter einen Sonnenschirm oder unter den riesigen Lorbeerbaum. Bougainvilleen, ein Zitronenbaum sowie ein makelloser Kakteengarten umgeben die Tische – man fühlt sich wie in einer Postkartenidylle. Die hausgemachten Käse- und Apfelkuchen sind ein Gedicht.

✚ 165 D5 ⊠ Plaza Iglesia
☎ 928 878 282 🕐 Mo–Sa 11–16 Uhr
Hinweis: Für das Museum ist Eintritt zu entrichten (▶ 73), der sich jedoch lohnt

Casa Santa María Restaurant €€€

Das Restaurant befindet sich auf dem Dach eines herrlich restaurierten Bauernhauses im Kolonialstil. Antiquitäten gibt es zuhauf; das Essen ist erstklassig, aber sehr teuer; doch auch ein preiswerteres Tagesmenü wird angeboten. Man beginne mit Datteln in Schinken oder gebackenem Frischkäse mit Tomaten und Knoblauch. Zu den Spezialitäten des Hauses zählen Lamm und Zicklein sowie die ganze Palette kanarischer Gerichte. Zum Abschluss empfiehlt sich eine flambierte Banane oder eine *crema canaria* mit *bienmesabe*.

✚ 165 D5 ⊠ Plaza Iglesia
☎ 928 878 282 🕐 Sept.–Juni 11 bis 1€ Uhr, Juli–Aug. 12–19 Uhr

Val Tarajal €€

Das traditionelle Restaurant mit viel dun¸lem Holz bietet wenig Schnickschnack, sieht man einmal von einer 4 m langen, fünfsaitigen Timple (einer Art Ukulele) an der Wand ab. Die Speisekarte bietet alle kanarischen Kös lichkeiten, wer allerdings *puchero* oder *sancocho* (▶ 21) will, muss an Sonn- und Feiertagen herkommen.

✚ 165 D5 ⊠ Calle Roberto Roldán 6 (Hauptstraße) ☎ 928 878 007
🕐 Di–So 11–17 Uhr

ANTIGUA

La Molina €€

Fas¸ meint man beim Betreten des großen, runden Gebäudes, in eine riesige Windmühle einzutreten. Der ehemalige Getreidespeicher wurde mit braunem und weißem Stein sowie Holz wunderschön restauriert. Aus umgedrehten, mit Löchern durchsetzten Lehmtöpfen hat man rustikale Leuchter gemacht, durch die nun das Licht schimmert; im Hintergrund spielt leise Musik von den Kanaren. Das Essen ist beste kanarische Küche: Als Vorspeise empfiehlt sich frittierter Käse mit *mojo verde* oder Thunfisch-*Carpaccio*, als Hauptgericht Ziegeneintopf oder ein Fischeintopf (*carzuela la de pescadore*). Das Restaurant ist auch bei Reisegruppen beliebt.

🞣 162 C1 ⊠ Carretera de Antigua, km 20 ☎ 928 878 577 🕐 Di–Fr, So 10–18 Uhr, Mahlzeiten 12–15 Uhr

PUERTO DEL ROSARIO

Hotel Fuerteventura Playa Blanca €€€

Das Hotel war bis vor kurzem ein *parador* unter staatlicher Leitung und bekannt für seine orginalgetreue kanarische Küche. Auch heute noch ist das Restaurant mit seinem Blick auf die Playa Blanca und über die Bucht bis nach Puerto del Rosario ein schöner Platz. Auf der Karte stehen einfache traditionelle Inselgerichte.

🞣 163 E2 ⊠ Calle Playa Blanca 42 ☎ 928 851 150 🕐 tägl. 7.30–10.30, 15.30–22.30 Uhr

LA ASOMADA

(bei Puerto del Rosario)

La Casa del Jamón €€–€€€

Das hervorragende Geschäft mit angeschlossenem Restaurant ist ein Geheimtipp in Sachen spanisches Essen, Wein und natürlich allen möglichen Arten von *jamones* (Schinken). Das rustikale Restaurant im Landhausstil bringt typisch kanarische Gerichte auf den Tisch, außerdem Gerichte aus dem Baskenland und Navarra. Die Desserts sind köstlich, die Weinkarte ist umfangreich.

🞣 163 D2 ⊠ La Asomada (ausgeschildert ab der Hauptstraße Tetir–La Oliva und ab der Carretera del Sur, 5 km westlich von Puerto del Rosario) ☎ 928 530 064 🕐 tägl. 13–17 Uhr

LOS MOLINOS

La Terraza €€

Das bessere von zwei Fischrestaurants im hübschen kleinen Fischerdorf bietet zusätzlich einen schönen Blick über den Strand und einen guten Service.

🞣 162 C3 ⊠ Los Molinos 🕐 Mi–Mo 12–19 Uhr

CALETA DE FUSTE

Frasquita €€

»Nur fangfrischer Fisch« lautet das Motto dieses rustikalen Restaurants in einem weiß getünchten Gebäude am Strand. Die Bedienung präsentiert Ihnen eine Auswahl von Fischen am Tisch. Wirklich frisch wird es nie, und beste Qualität ist stets garantiert.

🞣 165 F5 ⊠ Playa Caleta de Fuste ☎ 928 163 657 🕐 Di–So 13–16, 18–22 Uhr

Gambrinus €€

Früher war das Lokal eine *cervecería* (Brauerei) mit einem alten Bierwagen außen und bierseliger Atmosphäre in der holzgetäfelten Gaststube. Heute präsentiert sich das *Gambrinus* als ein schickes modernes Restaurant mit gemütlichen Rattanmöbeln. Steaks vom heißen Stein und Flambiertes sind die Spezialitäten des Hauses, aber man ist auch willkommen, wenn man Tapas, Pizza, einen Cocktail oder einfach nur ein Bier bestellt. Im Sommer täglich Live-Musik.

🞣 165 F5 ⊠ CC Broncemar ☎ 928 163 555 🕐 tägl. 9–23 Uhr

La Molina Bar Terraza €€

Das freundliche kleine Speiselokal gleich am Strand wird von zwei Einheimischen geführt, die hausgemachte Gerichte von den Kanaren und Tapas (sonst in Caleta nicht so leicht zu finden) sowie internationale und spanische Küche anbieten.

🞣 165 F5 ⊠ Calle Pitera (über CC El Castillo Parkplatz) 🕐 Do–Di 9–23 Uhr, Sa/So 9–23.30 Uhr

Restaurante Puerto Castillo €€€

Der Eingang zum Restaurant befindet

sich am Fuß des Leuchtturms. Leider kann man nicht ganz oben tafeln, reservieren Sie deshalb einen der vorderen Tische auf dem Balkon im ersten Stock, um den schönen Blick über den Hafen genießen zu können. Spezialitäten sind traditionelle kanarische Fleischgerichte wie Lammschulter oder Ziegeneintopf.

✚ 165 F5
✉ Muelle del Castillo
☎ 928 163 877
⏰ Mo–Sa 12.30–23 Uhr

SALINAS DEL CARMEN

Los Caracolitos €€

Das attraktive kleine, moderne Restaurant liegt fast direkt am Strand des winzigen Fischerdorfes. Die Auswahl an Fisch- und Meeresfrüchtegerichten ist groß. Wer eine einheimische Vorspeise will, wählt die hausgemachten Fischkroketten und erkundigt sich dann nach dem fangfrischen Fisch des Tages.

✚ 163 E1
✉ Salinas del Carmen

☎ 928 174 242
⏰ Mo–Sa 12–23 Uhr
❌ keine Kreditkarten

VEGA DE RÍO PALMAS

Don Antonio €€€

Das gegenüber der Kirche gelegene Restaurant befindet sich in einem fliederfarbenen Gebäude. Auch von innen ist das Restaurant, das unter deutscher Leitung steht, mit seinen Speiseräumen und einem Innenhof eine Augenweide. Das *Don Antonio* ist sicher das teuerste Restaurant der Insel, das zwar zu keinem Hotel gehört, aber das Essen und das Ambiente sind einfach unschlagbar. Die kleine, aber feine Speisekarte mit internationaler, spanischer und kanarischer Nouvelle Cuisine wechselt täglich. Gourmets schätzen besonders das *menú de degustación* mit fünf oder sieben ausgewählten Gängen.

✚ 164 C5
✉ Plaza Iglesia
☎ 928 878 757
⏰ Di–So 10–17 Uhr

AJUY

Puerto de la Peña (Casa Pepín) €€

Beide Restaurants am Meer empfehlen sich für Fisch und Meeresfrüchte. Wer jedoch gern mit den Einheimischen isst, geht ins *Puerto de la Peña*, denn hier ist Pepín zu Hause, ein wahres Unikum, das meist bereitwillig auch noch die Räumlichkeiten herzeigt.

✚ 164 B5
✉ Puerto Aziel
☎ 928 161 529, 628 671 004
⏰ tägl. 10–17 Uhr

PAJARA

Bar Restaurant La Fonda €€

Gegenüber der Kirche treffen sich die Einheimischen gern auf ein Bier in der rustikalen Bar, während die Touristen im Freien unter den Bäumen essen. Die Auswahl an Tapas und kanarischen Gerichten ist gut. Spezialitäten des Hauses sind *carne mechada* (Steakstreifen), *conejo en*

adobo (mariniertes Kaninchen) und *garzanzos compuestos* (Kichererbseneintopf).

✚ 164 C4
✉ Calle Nuestra Señora de la Regla
☎ 928 161 625
⏰ tägl. 9–18, Sa/So 9–21 Uhr

LAS PLAYITAS

Casa Victor €€

Sicher ist es nicht das attraktivste Restaurant des Ortes, aber es geht hier immer hoch her. Die *Casa Victor* liegt etwas zurückversetzt, hat keine Plaze im Freien und muss sich deshalb hinsichtlich der Qualität ein bisschen mehr anstrengen. Auf Fisch und Meeresfrüchte basiert die Mehrzahl der Gerichte auf der Speisekarte. Der gute Ruf und das gemischte Publikum aus Geschäftsleuten, Einheimischen und Touristen geben diesem Konzept recht.

✚ 165 D3
✉ Calle Juan Soler 22
☎ 928 870 910
⏰ Di–So 12–17, 20–23 Uhr

Wohin zum …
Übernachten?

Preise

Für ein Doppelzimmer gelten folgende Preise:
€ unter 60 Euro €€ 60–90 Euro €€€ 91–120 Euro €€€€ über 120 Euro

Viele der größeren Hotels und Apartmentanlagen in Caleta de Fuste sind nur über die großen Reiseveranstalter buchbar.

ANTIGUA

Hotel Era de la Corte €€–€€€

Das wunderschöne ländliche Hotel stammt aus dem Jahr 1890 und wurde vom Eigentümer liebevoll restauriert. Andrés und seine Frau Victoria, die für die Küche zuständig ist, kochen köstliche Spezialitäten der Kanaren. Alle zwölf Zimmer sind mit viel Flair ganz unterschiedlich möbliert; einige haben sogar Himmelbetten.

Der stets hilfsbereite Andrés weiß viel über das Leben auf der Insel zu berichten und hat eine kleine Bibliothek mit Büchern über Geschichte, Flora und Fauna der Insel zusammengestellt. Hier können die Gäste bei einem Glas Wein lesen und entspannen. Zum Angebot des Hauses gehören zwei kleine Pools, ein Solarium, ein Garten, Tennisplätze mit Flutlicht, Mieträder, Dartscheiben und Tischtennis. Das Frühstück ist inbegriffen.

+ 165 D5
✉ Calle La Corte 1
☎ 928 878 705, 928 878 708,
www.eradelacorte.com

CALETA DE FUSTE

Hotel Elba Palace Golf €€€€

Das erste 5-Sterne-Hotel der Insel liegt im Areal des Fuerteventura Golf Club (▶42, 84). Es ist im klassischen Stil der Kanaren erbaut und bietet jede modische Extravaganz. Im großen Innenhof wiegen sich die Palmen; die Holzbalkone sind ebenso typisch kanarisch wie die von Trachten des 18. Jhs. inspirierte Bekleidung des Personals. Die 51 luxuriösen Zimmer sind mit einem dezenten Lokalkolorit eingerichtet. Zu den hoteleigenen Einrichtungen gehören zwei große Pools, Tennisplätze mit Flutlicht, Jacuzzi, Sauna, Dampfbad, ein Schönheitssalon sowie ein Gourmet-Restaurant.

+ 165 F5
✉ Urb. Fuerteventura Golf Club
☎ 928 163 922, www.hoteselba.com

Barceló Club El Castillo €€€€

Perfekt für all jene, die ein kleines Apartment in gepflegter Gartenanlage direkt am Meer wünschen und gleichzeitig die Vorzüge einer Ferienanlage genießen wollen. Geboten wird ein umfassendes Unterhaltungsprogramm, Bars, Restaurants, Pizzeria, Crêperie, Eisdiele, Jacuzzi, Thalasso-Therapie, fünf Pools, davon einer beim Castillo (▶76) aus dem 18. Jh., sowie viele Sportangebote wie Tennis und Fußball.

+ 165 F5
✉ Caleta de Fuste s/n
☎ Reservierungszentrale
0034 902 101 001,
www.barceloclubelcastillo.com

PAJARA

Hotel Rural Casa Isaítas €€

Das reizende kleine Hotel am Dorfrand hat nur vier Zimmer, die in einem minimalistisch-ländlichen Stil möbliert sind. Das Hotel bietet eine Bibliothek, Internetanschluss und einen Aufenthaltsraum. Das Restaurant steht auch Nicht-Hotelgästen zur Verfügung. Das Frühstück ist im Preis inbegriffen.

+ 164 C4
✉ Calle Guize 7
☎ 928 161 402, www.casaisaitas.com

Wohin … Einkaufen?

BETANCURIA

Trotz seines Namens ist das **Museo de Artesanía** in der Casa Santa María einer der besten Andenkenläden der Insel. Lokale Lebensmittelspezialitäten und Getränke werden in einem eigenen Bereich ansprechend präsentiert, manches darf man sogar probieren. Sie verkaufen diverse kanarische Kunsthandwerksartikel. Wer Töpferwaren kaufen will, sollte sich in **Cerámica Casa Santa María** umsehen: Das Geschäft gehört zum Museum, hat aber einen eigenen Eingang. Ein weiterer Tipp zum Kauf von Kunsthandwerk ist das **Centro Insular de Artesanía** an der Hauptstraße.

Am Südende des Dorfes verkauft die **Casa de Queso** (Haus des Käses) verschiedene Sorten Räucherfleisch und natürlich Käse. Eine Zweigstelle befindet sich in Valle de Sant Inés.

Kunsthandwerkszentren

Es gibt mehrere staatlich geförderte Centros Insulares de Artesanía auf Fuerteventura. Diese Zentren befinden sich oft in historischen Gebäuden und präsentieren das typische Kunsthandwerk der Insel. Vieles erscheint teuer, doch sollte man die stundenlange Handarbeit beim Preis bedenken. Das größte ist das **Centro Molino** in Antigua.

ANTIGUA

Der Kunsthandwerksladen zählt zu den besten auf der Insel. Zu den Klängen von New-Age-Musik kann man hier wunderbar herumstöbern. Zu haben sind teure Ledertaschen, Modeschmuck, gigantische Holzgeckos, Seiden- und Pergamentbilder sowie schöne Töpferware.

Essen und Trinken aus Spanien

Die **Casa del Jamón** (Haus des Schinkens) ist etwas ganz Besonderes, wenn man nach Wein und lokalen Lebensmitteln Ausschau hält. Hier sind 10 000 Flaschenweine (spanische wie kanarische), Liköre und Schnäpse erhältlich, außerdem jede Menge Konserven und Eingemachtes. Spezialitäten des Hauses sind der *Majorero*-Käse und natürlich Schinken. Wer es nicht abwarten kann, die Köstlichkeiten zu probieren, kann das zugehörige Restaurant besuchen.

PUERTO DEL ROSARIO

Puerto del Rosario hat sich hauptsächlich auf die Bedürfnisse der Einheimischen eingestellt. Wer also wissen will, was die Leute hier kaufen, bummelt über die Calle Primero de Mayo und die Calle León y Castillo. Die meisten Geschäfte wirken allerdings altmodisch und wenig inspirierend. Jeden zweiten Sonntag im Monat findet in Tetir, 8 km westlich von Puerto del Rosario, der »Vega de Tetir«, ein Kunsthandwerkermarkt, statt (10.30 bis 14.30 Uhr). Hier werden Leder, Textilien, Keramik, Lebensmittel und andere regionale Produkte verkauft. Folkloreaufführungen, Musik, Tanz und Kamelausritte sind ebenfalls im Angebot.

CALETA DE FUSTE

Wegn oder vielleicht ja auch trotz der vielen Einkaufszentren ist das Warenangebot hier eher mittelmäßig und meist überteuert. Riu Parfum an der CC Castillo Plaza bietet die besten Parfums. Am Samstagvormittag findet ein Markt (▶ 42) statt.

Fuerteventura ist für seinen Ziegenkäse berühmt und hat es geschafft, ihn sogar als *Denominación de Origen* (entsprechend der französischen Klassifizierung der Weine) patentieren zu lassen, um ihn so vor Plagiaten zu schützen. Er ist in drei Varianten erhältlich. *Natural:* Die Rinde ist mit Olivenöl eingerieben, um ihn haltbar zu machen; *pimenta:* Die Rinde ist mit rotem Chili eingerieben und schmeckt pikant; *gofio:* Der Käse ist mit geröstetem Maismehl umhüllt.

Wohin zum ...
Ausgehen?

Nachtleben

Die einzige Disko bzw. der einzige Nachtclub in Caleta de Fuste ist das **Whiskis** im Castillo Centro. Gleich nebenan finden Sie ein Kino-Center und eine Kegelbahn. Puerto del Rosariobietet die besten Nachtclubs der Insel. Wem der Sinn nach einem Abenteuer steht, geht ins **Templo** (Calle Teniente Durán) oder ins **Camelot** (Calle León y Castillo 12). Mit ein oder zwei Bier kann man sich vorher in der **Heineken Bar** (Calle León y Castillo 146) in Stimmung bringen – es gibt dort insgesamt 90 Sorten. **La Tierra** (Calle Eustaquio Gopar) bietet freitags und samstags am Abend Live-Jazz.

CALETA DE FUSTE

Golf

Der Golf Club Fuerteventura, der erste der Insel, liegt südlich von Caleta de Fuste. Er hat zwei 9-Loch-Plätze mit einigen Wasserhindernissen und ist Austragungsort der Spanish Canarian Open. An Übungseinrichtungen gibt es einen Driving Range und ein großes Putting-Green. Ein Handicap ist nicht erforderlich. Carretera de Jandia, km 11, Tel. 928 160 034, www.fuerteventuragolfclub.com

Auch für Nicht-Golfer gibt es eine Reihe von Angeboten, wie eine Sauna, ein Fitness-Studio, einen Pool und einen Racquetballcourt.

Der zweite Golfplatz der Insel ist der Golf Club Salinas des Antigua (Tel. 928 879 444, www.salinasgolf.com), der 2006 eröffnete. Er liegt an der Hauptstraße nach Jandia Richtung Süden, Carretera km 12. Es gibt auch eine Golfschule und ein Restaurant.

Schiffsausflüge

Am interessantesten ist der *Oceanarium* Explorer in Caleta de Fuste. Hier sieht man Haie und Rochen und kann in speziellen Becken Tiere füttern und streicheln. Einem Kraken hat man beigebracht, ein Glasgefäß aufzuschrauben. Die Gäste haben die Wahl zwischen einem Katamaran – angeblich bekommt man oft Meerestiere zu sehen – und einem »U-Boot« mit Glasboden, das jedoch nie abtaucht. Wenn Sie Glück haben, dann werden Sie von Harley begleitet, einem der wenigen Seelöwen weltweit in freier Wildbahn, dem man Kommandos beigebracht hat.

Wassersport

Die geschützte Bucht von Caleta de Fuste ist ideal, um das **Windsurfen** zu lernen. Im Fanatic Fun Centre können Sie die Grundbegriffe lernen. Wer **tauchen** will, setzt sich mit Deep Blue (Tel. 928 163 983, www.deep-blue-diving.com) in Verbindung.

Gokart

Der Tamaretilla Karting Club bietet einen Rundkurs von 1500 m für Erwachsene und mehrere kürzere für Junioren und Kinder an. Er befindet sich in der Nähe des Dorfes Cardón bei Tuineje (Tel. 620 504 399).

Wandern

Tamaragua Tours veranstaltet interessante Exkursionen von Antigua nach Ajuy (Tel. 900 702 222, www.tamaraguatours.es). Datum und Zeit sollte man sich am Tag vor der Wanderung bestätigen lassen.

Reiten

Die Finca Crines del Viento in Triquivijate bei Antigua bietet Ausritte für Anfänger und erfahrene Reiter. Man spricht Deutsch und Englisch (Tel. 609 001 141).

Fahrradtouren

Quad-Räder und Mountainbikes verleiht Backtrax (Tel. 928 160 206). Details zu dem off-road Tourangebot, sowohl für Anfänger als auch für sehr erfahrene Biker, finden Sie auf der englischsprachigen Internetseite www.isango.com. Geben Sie ihren Urlaubsort ein und wählen Sie das gewünschte Event. Quad-Bike-Touren starten auch beim Hotel Barcelo in Caleta de Fuste.

Der Süden

Erste Orientierung

La Pared (wörtlich: die Mauer) am Anfang der Landenge im Südwesten der Insel markiert nicht nur die historische Grenze, an der einst eine Mauer die beiden Königreiche trennte (▶ 10), sondern auch eine wichtige »geo-touristische« Grenze. Im Norden ist der Sand vulkanischen Ursprungs und somit schwarz, im Süden beginnt die Costa Calma mit den längsten (insgesamt 30 km) und schönsten goldenen Sandstränden der Kanaren.

Costa Calma ist ein moderner Ferienort mit großen Hotels und Einkaufszentren. Weiter westlich bietet Jandía Playa zwar ein ähnliches Bild, charakteristisch sind die beiden Orte für die Halbinsel aber dennoch nicht. Sie ist und bleibt die ursprünglichste und am wenigsten erschlossene Region der ganzen Insel: An der Nordküste (Barlovento) findet sich nicht ein einziges Bauwerk, geschweige denn ein Dorf, das diesen Namen verdient. Die Wildnis ist nur schwer zugänglich, doch lohnt sich die dafür aufgenommene Mühe auf jeden Fall.

Die Straße nach Morro Jable wird derzeit immer weiter ausgebaut. Gerade Schnellstraßen und 30 m hohe Brücken überwinden die tiefen Schluchten, die den Verkehrsfluss bisher stark behinderten. Somit verkürzt sich also die Fahrzeit von Norden nach Süden immer mehr. Für die meisten Urlauber ist Morro Jable mit seinem schönen Strand und Lokalkolorit die Endstation, was hoffentlich trotz der geplanten weiteren Straßenbauten noch lange so bleiben wird.

★ **Nicht verpassen!**

Nach Lust und Laune!

Playa
Negras

Chilegua

0 _____ 5 km
0 _____ 3 miles

FV617

Las Hermosas

313m
▲
Morro de
los Gatos

Playa de la Pared
❸ La Pared
Urbanización
Panorama

FV56

FV2

Tarajalejo

FV605

La Lajita
Oasis Park **❷** La Lajita

Playa de
Tarajalejo

FV2

Playa de
la Lajita

Istmo
de la Pared

Playas Matas Blancas

❹ Costa Calma

Playa Barca

FV2

Esmeralda
Jandía

Playa de Sotavento

sas
Risco
Paso

❶
Playas de
Jandía

Zu den Attraktionen
des Südens gehören
die Strände von Morro
Jable (unten) und der
La Lajita Oasis Park
(rechts)

Der Süden in drei Tagen

Hinweis: Da es nur eine größere Straße (FV2) gibt, die alle Orte der Halbinsel verbindet, ist es schwierig, Abstecher zu unternehmen, für die kein Jeep oder Fahrzeug mit Allradantrieb erforderlich ist. Wer also die Regionen nördlich und westlich von Morro Jable erkunden will, muss sich einen entsprechenden Wagen mieten.

Erster Tag

Vormittags

Starten Sie früh am Morgen, um den Ausflugsbussen zuvorzukommen, dann zählen Sie um 9 Uhr, wenn der **2** **La Lajita Oasis Park** (➤ 93ff) öffnet, zu den ersten Besuchern. Genießen Sie die Shows und essen Sie in den botanischen Gärten zu Mittag.

Nachmittags

Fahren Sie auf der FV56 3 bis 4 km nach Norden und biegen Sie links in Richtung La Pared ab. Nachdem Sie den Weiler Las Hermosas durchquert haben, nähert sich die Straße mit herrlichen Ausblicken über die Küste von Barlovento dem Meer. Bei **3** **La Pared** (➤ 96) kann man eine Runde Golf spielen oder an der Playa de la Pared ein Sonnenbad nehmen; schwimmen ist hier zu gefährlich. Zum Abendessen empfiehlt sich das *El Camello* (➤ 100).

Zweiter Tag

Vormittags

Fahren Sie auf der Hauptstraße zum Zentrum El Palmeral bei **4** **Costa Calma** (➤ 96, unten und gegenüberliegende Seite oben). Wandern Sie über die

Landenge nach Norden, oder fahren Sie alternativ mit einem Jeep in die Wildnis (siehe Wanderung Seite 150ff). Wenn Sie wieder zurück sind, wartet das Mittagessen im *Fuerte Action* (➤101).

Wer will, kann anschließend noch einen Bummel durch die Läden anhängen.

Nachmittags

Fahren Sie 3–4 km nach Süden und biegen Sie links nach Risco del Paso ab, wo Sie den restlichen Tag am berühmtesten **1 Strand** (➤90, oben) der Kanaren verbringen können. Wer will, kann auch das Surfbrett mitnehmen.

Dritter Tag

Vormittags

Für diese Exkursion brauchen Sie einen Jeep. Fahren Sie an Morro Jable vorbei nach Süden und folgen Sie der Beschilderung nach Cofete. Nach rund 20 Kilometern kommen Sie zu einem Pass mit herrlichem Blick über die Barlovento-Küste. Nach weiteren 4 km durch diese außergewöhnliche Landschaft erreichen Sie das etwas heruntergekommene Dorf **7 Cofete** (➤98f) wo Sie in einem der Fischlokale zu Mittag essen können.

Nachmittags

Kehren Sie bei **6 Morro Jable** (➤97) in die Zivilisation zurück, indem Sie der Ausschilderung zum Centro Urbano folgen. Parken Sie im alten Teil des Dorfes in der Nähe des Dorfplatzes und verbringen Sie den restlichen Tag am goldenen Sandstrand. Unter den vielen Cafés und Restaurants am Platz (➤102) finden Sie sicher das Passende zum Abendessen.

❶ Playas de Jandía

Die Strände von Jandía sind die größte Attraktion Fuerteventuras. Wer gern dem Wassersport frönt, faul am Strand liegt, mit der Familie unterwegs ist oder die Hüllen fallen lassen möchte, ist hier genau richtig. Wohl jeder hat schon mal Bilder von Jandía mit seinem verträumten, knallblauen »karibischen« Strand gesehen. Kein anderer Strand auf den Kanarischen Inseln wurde häufiger fotografiert oder gefilmt als dieser. Im gebirgigen Hinterland, ebenfalls die reinste Postkartenidylle, gibt es kein Hotel. Das Fleckchen Erde zählt sicher zu den schönsten Europas – und stellt doch nur einen kleinen Abschnitt an der atemberaubenden Küste der Halbinsel Jandía dar.

Die Sotavento-Küste

Die Playas de Jandía beginnen in Costa Calma. Hinter den Reihen orange-blauer Sonnenschirme und Liegen wird der Strand langsam breiter, bis er am Hotel Meliá Gorriones und der Playa Barca immer spektakulärer wird. Gigantische Dünen ragen aus dem schwarzen Vulkangeröll auf. Eine Sandbank reicht 5 km weit bis Risco del Paso, sie bricht

die Wellen und macht den Strand so familienfreundlich und ideal für alle, die zum ersten Mal windsurfen. Das seichte Wasser schillert in allen Schattierungen von Blau und Türkis und zeichnet sanfte Linien in den goldenen Sand. Bei Risco del Paso gibt es eine Strandbar, ein Wassersportzentrum und hübsche weiße Bungalows, die auf den niedrigen Klippen gebaut wurden. Wenn man ein paar hundert Meter über den Strand schlendert, kommt man schon zur nächsten Postkartenidylle: Eine riesige weiße Düne und schwarze Vulkanklippen fallen hier zum Meer ab und bilden zusammen eine faszinierende Kulisse. Wenn Sie das Ende des Sotavento-Strands sehen möchten, sollten Sie zur weiter oben liegenden Hauptstraße fahren: Ein Aussichtspunkt – *mirador* – beschließt diesen Strandabschnitt und zeigt den klassischen Panoramablick.

Ideal zum Kite-Kartfahren: die Postkarten-Strände von Jandía (links und oben)

Barlovento und Sotavento

Alle Strände an der 30 km langen, nach Südosten ausgerichteten Küste von Costa Calma nach Morro Jable liegen »sotavento«, d.h. auf der Leeseite (im Windschatten) der Halbinsel. Die Bezeichnung Playa de Sotavento gilt dennoch nur für ein kurzes Teilstück. Die nach Nordwesten ausgerichteten Strände der Halbinsel liegen »barlovento«, also auf der Luvseite. Doch auch hier heißt nur ein Abschnitt der gesamten Küste so. An der Barlovento-Küste sollte man nie schwimmen, denn selbst wenn das Meer ruhig erscheint, bleiben die gefährlichen Strömungen.

Der nächste 3–4 km lange Strandabschnitt wird von niedrigen Klippen gesäumt und heißt Playa de Butihondo. Neben einigen großen Hotels befinden sich hier auch die deutschen Clubs Robinson und Aldiana. Da sie von gepflegten Gartenanlagen umgeben sind, stören sie nicht das Landschaftsbild. Die Küste macht nun eine Biegung nach Südosten und wird von dort an Playa del Matorral genannt: Der *matorral* selbst – ein Dickicht – wird nur von einigen Stegen unterbrochen. Auf dem Weg nach Jándia Playa fehlen nun die Klippen. In Jándia Playa steht der imposante Leuchtturm (► 96f), das Wahrzeichen des Ortes.

Hinter Jándia Playa beginnt dann das grandiose Finale mit Klippen und Dünen sowie einer herrlichen Promenade mit schönem Blick über den goldenen Sandstrand.

Sie führt schließlich zu einem kleinen Platz in Morro Jable hinunter, wo die Strände von Jandía enden.

Hinter Sotavento

Um von hier aus den Rest der Halbinsel zu erkunden, braucht man einen Jeep. Am beliebtesten ist die allerdings strapaziöse Fahrt nach Cofete (► 98) über holprige Pisten. Auf der Nordseite der Halbinsel trifft man auf einen weiten, unberührten, goldenen Sandstrand. Nordöstlich davon erstreckt sich die nicht minder beeindruckende Playa de Barlovento. Da es nur wenige dorthin schaffen, nutzen Nudisten die Abgeschiedenheit, um ihrer Leidenschaft zu frönen.

Am einfachsten erreicht man die Strände an der Nordküste, wenn man die Halbinsel an ihrer schmalsten Stelle bei Costa Calma durchquert (siehe S. 150 ff).

Die Strände von Morro Jable zählen zu den beliebtesten auf Fuerteventura

KLEINE PAUSE

An zwei der schönsten Stellen der 30 km langen Playa de Sotavento gibt es gute Strandhütten: in Morro Jable (5–10 Minuten zu Fuß vom Zentrum) oder bei Risco del Paso.

➕ 164 A2

PLAYAS DE JANDÍA: INSIDER-INFO

Top-Tipps: Nur in Costa Calma und zum Teil in Morro Jable kann man Sonnenschirme mieten, ansonsten schmort man in der Sonne. Es lohnt sich auf jeden Fall, einen **Sonnenschirm** oder – für Kinder – ein kleines **Zelt** zu mieten.

Anreise: Die Playa de Sotavento ist nicht ausgeschildert. Sie fängt an der Playa Barca beim Hotel Meliá Gorriones an. Ausgeschildert ist dagegen das Ende, **Risco del Paso**, wo man am besten auch parkt. Die Abzweigung ist nicht ganz leicht zu finden.

2 La Lajita Oasis Park

Der Oasis Park ist die größte, beste und älteste Touristen-attraktion von Fuerteventura. Er wurde 1985 als kleines Gar-tenzentrum gegründet. Bis heute wirkt die Anlage weniger wie ein Zoo als vielmehr wie eine grüne Oase inmitten der kargen roten Wüste.

Der Tierpark

Das Interessanteste an diesem Areal sind eigentlich nicht die Tiere, sondern das Ambiente. Die Gehege liegen an schattigen Wegen mit dichtem Laub, prächtigen bunten Pflanzen (über 6800 Arten!) und fließendem Gewässer. Kinder kommen sich hier wie Dschungelforscher vor. Unter den Reptilien, Primaten und Säugetieren sowie über 200 Vogelarten sind Krokodile, Tamarindenaffen, Schimpansen, Meerkatzen, südamerikani-sche Wasserschweine, Tukane, Turakos, Flamingos und Peli-kane.

Der Park liegt inmitten der roten Wüste

Tier- und Vogelshow

Die Papageien- und die Seelöwen-Vorführungen bereiten Kindern viel Freude; Erwachsene üben oft an dem unnatürlichen Verhalten der Tiere Kritik. Am Mut des Krokodildompteurs zweifelt aber keiner, wenn er dem Tier seinen Kopf ins Maul steckt. Die Vogelshow arbeitet mit Raub-

vögeln, die in der freien Wildbahn nicht mehr überleben können, und ist informativ gestaltet. Die Seelöwen-Show ist ein
großes Event und es gibt Vorführungen zum Umgang mit
Reptilien.

Kamelzucht

Die Normannen machten 1405 die Kamele auf der Insel heimisch (► 24f), 1985 lebten hier gerade noch drei Dutzend Tiere.
Um sie vor dem Aussterben zu bewahren, bemüht sich der
Park, das *camello majorero* (Fuerteventura-Kamel) durch Kreuzung mit afrikanischen Dromedaren zu züchten. Außerdem
soll hier die erste Kamelmolkerei Europas entstehen. Kamelmilch soll übrigens gut für die Leberwerte und die Gesichtsfarbe sein. Sie enthält viele Minerale und Vitamin C. Die Herde
umfasst mittlerweile 220 Tiere; besonders der Nachwuchs ist
allseits beliebt.

Kamelritte

Für die meisten Gäste gehört ein Kamelritt (Gebühr) zu den
Höhepunkten des Zoobesuchs. Zwei Personen sitzen dabei
auf einem Kamelsattel, einer Art Holzsitz. Langsam und sanft
geht es einen steilen Berg hinauf, von oben haben die Besucher
eine herrliche Aussicht über die Gartenanlagen bis hin zum
Meer.

Der botanische Garten

Der Garten liegt an einem steilen Hügel und ist keine so trockene Angelegenheit, wie man vielleicht fürchtet. Die 2300
verschiedenen Kakteen, Sukkulenten und heimischen Pflanzen
gedeihen in schwarzer vulkanischer Bimssteinerde – sie stellen
eine der größten Sammlungen Europas dar. Lassen Sie sich
nicht von dem sehr trocken gehalten-
en Prospekt abschrecken. Von zier-
lichen Schlingpflanzen mit leuchtend
gelben und knallrosa Blüten über Ge-
wächse mit weichen, flaumigen
Widerhaken bis hin zu den klassischen mexikanischen Riesen mit
Furcht einflößend großen Dornen, die

**Man kann
zuschauen, wie
die Krokodile
gefüttert
werden ...**

einem die Hand aufschlitzen können, ist jede Kaktusart hier vertreten.

Afrikanische Savanne

In dem der afrikanischen Savanne nachempfundenen Areal leben Giraffen, Antilopen sowie einige vom Aussterben bedrohte afrikanische Tierarten wie Rhinozerosse; Raubtiere sind jedoch nicht vorhanden.

KLEINE PAUSE

Im Park liegen drei sehr gute Restaurants.

🔲 164 B3 ✉ Carretera General de Jandía (FV2, km 57,4), La Lajita ☎ 902 400 43; www.lajitaoasispark.com
🕐 tägl. 9–18 Uhr 💶 teuer; Kamelritte kosten extra; kombinierte Tickets sind erhältlich

... und Strauße, tropische Vögel und Kamele beobachten

LA LAJITA OASIS PARK: INSIDER-INFO

Top-Tipps: Die **Kamelzucht** liegt etwas abseits und ist manchmal geschlossen. Wenn Sie sich telefonisch anmelden, werden Sie in der Regel eingelassen. Den Park sollte man früh am Morgen besuchen, wenn es noch kühler ist und die Ausflugsbusse noch nicht alle eingetroffen sind. **Tragen Sie bequeme Schuhe.**

Geheimtipp: Halten Sie in der Vogelvoliere nach einem großen **Chamäleon** Ausschau.

Außerdem: Der Kamelsitz für zwei Personen heißt *silla inglesa* – englischer Stuhl –, denn er wurde im 19. Jh. für englische Touristen entworfen, die auf dem normalen Sattel Schmerzen bekamen. Ein antiker Originalsitz erzielt bei Auktionen gut 2000 Euro.

Eintritt: Wer auf eigene Faust unterwegs ist, parkt am Haupteingang des Zoos. Der **Jardín Botánico** liegt 700 m weiter, die ein weiter Weg sein können. Kehren Sie also um und fahren Sie mit dem Auto.

Ein Muss! Die Giraffen, der **botanische Garten**, die **jungen Kamele** und die **Krokodilshow**.

Nach Lust und Laune!

3 La Pared

Dort, wo einst eine Mauer die Insel in zwei Königreiche (▶ 10) teilte, liegt heute in La Pared ein hauptsächlich von Deutschen besiedeltes, teures Wohngebiet (*urbanización*). Von der Straße oberhalb des Dorfes erkennt man die bizarr leuchtenden Greens des 9-Loch-Golfplatzes (▶ 106) inmitten schwarzer Lava. Im Dorf befindet sich eines der schönsten Restaurants auf der Insel, *El Camello* (▶ 100). Wer auf der FV605 am Abzweig zum Dorf vorbei weiter gen Norden fährt, wird mit einem weiten Panoramablick über die Nordküste belohnt.

✚ 164 B3

4 Costa Calma

Der gehobene Ferienort wurde in den 1970er- bis 1980er-Jahren aus dem Boden gestampft – heute präsentiert

sich Costa Calma als eine Mischung aus Einkaufszentren und Hotelanlagen entlang einem goldenen Sandstrand. Hier beginnt die berühmte Playa de Sotavento (▶ 90f), doch als schönsten Abschnitt des berühmten Strands kann man diesen Küstenabschnitt angesichts all der Bautätigkeit sicher nicht bezeichnen.

✚ 164 B2

5 Jandía Playa

Der Ferienort ist fest in deutscher Hand. Das hässliche Entlein im Süden besteht aus einer Ansammlung von Einkaufszentren und großen Hotels an der relativ uninteressanten Playa Matorral.

Der hoch aufragende Leuchtturm von Morro Jable wurde Ende des 19. Jhs. errichtet und ist der größte der Insel. Das einzig Sehenswerte ist der kleine Zoo im Hotel Stella Canaris (tägl. 10–18 Uhr, preiswert).

Ungewöhnliche Architektur

Auch wenn die Mehrzahl moderner Gebäude im Süden keinen Eindruck hinterlässt oder gar völlig deplatziert erscheint, gibt es doch drei Anwesen in Privatbesitz, die man sich genauer anschauen sollte.

Nördlich von Esquinzo befindet sich neben dem plumpen Club Paraíso Playa Sunrise Beach Hotel ein Gebäude im Zuckerbäckerstil, das an ein Märchen der Gebrüder Grimm erinnert.

In Costa Calma scheint am äußersten nördlichen Ende oben auf einem Hügel eine große Kirche aufzuragen. Doch weit gefehlt, es handelt sich um das Hotel Río Calma (oben) im Stil eines alten spanischen Dorfes.

Am Südende von Costa Calma liegt das ungewöhnliche Hotel Risco del Gato (▶ 103), eine ehemalige Unterkunft der Pioniere.

Eine schön angelegte Promenade führt von Jandía Playa nach Morro Jable.

✚ 164 A1

❻ Morro Jable

Der beliebte Ferienort liegt am Ende der Sotavento-Strände (➤ 90f). Die herrliche Playa de Cebada mit ihrem goldenen Sand breitet sich vor einer riesigen Düne und niedrigen Klippen aus.

Sonnenanbeter haben nicht nur viel Platz, sondern können auch Sonnenschirme und Liegen ausleihen. Zur guten Infrastruktur gehören auch eine Strandbar und Duschen samt WC. Farbenfroh gekleidete Windsurfer runden die Postkartenidylle ab. Von der neuen, schicken Promenade mit bunten Bougainvilleen und hübschen altmodischen Bänken genießt man einen schönen Blick über die Szenerie. Die Promenade verläuft von der Innenstadt bis ins benachbarte Jandía Playa. Die Mehrzahl der Touristen wohnt in den großen Hotelanlagen oben auf den Klippen.

Die Altstadt von Morro Jable besteht aus einem Gewirr von kleinen Gassen, die sich über ein trockenes Flussbett bis zum Meer hinunterziehen.

Direkt am Wasser warten einige lebhafte Lokale an mehreren kleinen Plätzen. Am Hauptplatz blickt man

Für Kinder
• La Lajita Oasis Park (➤ 93ff), besonders die Tiershows
• Das U-Boot *Subcat* (➤ 106)
• Fahrt mit einem Bananenboot in Jandía Playa (➤ 106)
• Windsurfunterricht bei René Egli (➤ 106)

Der goldene Sandstrand von Morro Jable bietet Entspannung pur; außerdem steht hier der größte Leuchtturm (oben) der Insel

Straßenabenteuer
Auch wenn Tausende von Touristen alljährlich mit einem normalen Mietwagen hinter Morro Jable über die Pisten brettern, sollte man das tunlichst nur mit einem Jeep oder Fahrzeug mit Allradantrieb tun. Nach Regenfällen sind die Staubpisten häufig für PKWs unbefahrbar.

Die leckersten Gerichte
• El Camello, La Pared (▶ 100)
• Marabú, Esquinzo (▶ 101)
• Posada San Borondon, Costa Calma (▶ 101)

auf das El Viejo Vapor (»Der alte Dampfer«), Teil eines alten Dampfschiffs mit Schornstein. Früher war darin ein Restaurant untergebracht.

Im Hafen von Morro Jable ankert die Fischereiflotte, außerdem legen hier die Fähren und Tragflügelboote nach Gran Canaria und Teneriffa sowie die Ausflugsboote ab.

➕ 165 F1

❼ Cofete

Die Straße nach Cofete südlich von Morro Jable fängt sehr vielversprechend an – der Asphalt ist ganz neu. Doch schon nach 3 km gilt es, die

weiteren 24 km auf einer Holperpiste zurückzulegen. Das letzte Stück besteht dann aus einspurigen Haarnadelkurven mit unvermittelt abschüssigen Stellen. Fahren Sie also sehr langsam, und hupen Sie vor den nicht einsehbaren Kurven. An der höchsten Stelle, zwischen dem Pico de la Zarza – mit 812 m die höchste Erhebung der Insel – und dem Pico del Fraile (686 m), wird man mit einem unvergesslichen Blick über die gesamte Nordwestküste belohnt. Diese bizarre Landschaft hat sich seit Menschengedenken kaum verändert.

Das etwas heruntergekommene Dorf Cofete mit seinem Lokal stellt dann für die meisten Abenteurer die Endstation der Exkursion dar. Hier kann man dann seinen wohlverdienten Kaffee oder einen kleinen schmackhaften Imbiss genießen, verbunden mit dem befriedigenden Gefühl, den Ort der »Verheißung« erreicht zu haben. Nur die Wagemutigen fahren noch weiter zu den herrlichen, aber gefährlichen Stränden (▶ 89).

Vom Lokal aus sieht man die Villa von Gustav Winter einsam vor den Bergen liegen. Hier hängen oft bedrohliche Wolken, die der Szenerie etwas Dramatisches verleihen. Kein Wunder also, dass über dieses Haus so viele Gerüchte kursieren.

Auch wenn die Villa nicht allzu weit entfernt liegt, sollte man die

Der Strand von Playa Barca an der Küste von Sotovento

Das Geheimnis der Villa Winter

Gustav Winter wurde 1893 in Deutschland geboren. Er verbrachte viele Jahre als Ingenieur in Spanien und ließ sich in den 1930er-Jahren in Jandía nieder. Es ist dokumentiert, dass er 1938 Admiral Wilhelm Canaris, den Chef des deutschen Geheimdienstes, anlässlich einer Projektbesprechung traf. In der Folge kamen Arbeiter aus Deutschland nach Jandía. 1940 begann der Bau der Villa Winter, 1941 unterstellte die Regierung in Madrid die Halbinsel Jandía offiziell Gustav Winter, um diese kurz danach zur geschlossenen Militärzone zu erklären. Was dann in der Villa Winter passierte, weiß man nicht, jedenfalls kamen im Zweiten Weltkrieg viele U-Boote zum Auftanken nach Fuerteventura – trotz Spaniens vermeintlicher Neutralität. Taucher berichten, dass bei Cofete in 200 m Tiefe ein U-Boot-Wrack liegt.

Gustav Winter verstarb 1971, ohne je das Geheimnis seiner Villa (oben) gelüftet zu haben. Als sicher gilt, dass Franco und Hitler inoffiziell Verbündete waren und Admiral Canaris noch vor seinem Treffen mit Winter in den heimlichen Bau von U-Boot-Stützpunkten verwickelt war. Spekulationen, dass es hauptsächlich um diesen Schiffsbau ging, drängen sich somit auf. Es heißt, dass ein Tunnel von der Villa zum Strand hinunterführt und dass die U-Boote auch genutzt wurden, um geflohene Nazis nach Südamerika zu schaffen. Für die letzte Behauptung gibt es allerdings keine Beweise. Da die Villa nie von einer unabhängigen Kommission untersucht wurde, birgt sie wohl noch so manches Geheimnis.

Zur Zeit gibt es keine regulären Besichtigungen, aber fragen Sie die Einheimischen von Cofete und es wird Sie sicher jemand hineinlassen.

Fahrt dorthin nur mit einem Jeep wagen, da die Piste sehr holprig ist.

✛ 165 E2

Touristeninformation

Jandía Playa
✛ 164 A1   ✉ CC Cosmo
☎ 928 540 776
🕐 Mo–Fr 8.45–14.45 Uhr

Morro Jable
✛ 165 F1   ✉ Morro Jable, am Strand
bei der Promenade
🕐 tägl. 10–14.30 Uhr

Wohin zum ...
Essen und Trinken?

Preise

Die Preise gelten pro Person für ein Drei-Gänge-Menü ohne Getränke und Service:

€ unter 15 Euro   €€ 15–25 Euro   €€€ über 25 Euro

LA LAJITA

La Lajita Oasis Park €€

Im Oasis Park gibt es drei Restaurants. Eines liegt hinter dem Haupteingang und grenzt an die Käfige mit exotischen Vögeln. Ihre Schreie und Rufe vermitteln den Gästen das Gefühl, mitten im Dschungel zu essen. Es bietet als Spezialität Ziegengerichte, z. B. panierten Ziegenkäse mit *membrillo* (Quittengelee), gefolgt von einem Ziegeneintopf und einem *frangallo* mit Eis. Die beiden anderen Restaurants sind auch sehr reizvoll, können aber nur mit Eintrittskarten besucht werden.

🗺 164 B3
📍 Carretera General de Jandia (FV2, km 57,4)
📞 928 161 135
🕐 tägl. 8–17 Uhr, Mittagessen ab 12 Uhr

LA PARED

El Camello €€€

Die herrliche Hazienda im andalusischen Stil ist eines der attraktivsten Restaurants der Insel. Der verwitterte Eindruck täuscht allerdings: Das Haus wurde erst vor gut zehn Jahren erbaut. Kleine Gerichte wie Tapas werden im hübschen Garten und Patio mit gekachelten Bänken serviert. Der Speisesaal ist geschmackvoll mit Terrakottaböden, pastellfarbenen Wänden, mit Chintz bezogenen Polstermöbeln und moderner Kunst eingerichtet. Auf der häufig wechselnden Speisekarte sehen Köstlichkeiten wie *crab au gratin* mit Safransoße, Lachstatar mit Kartoffelpfannkuchen und Fischmedaillons in Gemüse Senfsoße. Die Weinkarte ist hervorragend. Gutes Preis-Leistungs-Verhältnis, unbedingt reservieren!

🗺 164 B3
📍 Am Ortseingang von La Pared rechts abbiegen, dann ausgeschildert
📞 928 549 090
🕐 Di–So 13–23 Uhr

Bahía La Pared €€

Das Fischrestaurant am Strand bietet eine herrliche Aussicht. Es ist bei Einheimischen und Touristen gleichermaßen beliebt, denn es gibt einen Kinderspielplatz mit einem kleinen Pool und Rutschen. Das Essen ist hervorragend. Für einen Abendessen bei Sonnenuntergang sollte man einen Tisch auf der Terrasse reservieren.

🗺 164 B3
📍 Playas de la Pared
📞 928 549 030
🕐 tägl. 12–22 Uhr

COSTA CALMA

Copa €€–€€€

In diesem hellen, freundlichen Lokal unter deutscher Leitung ist man immer herzlich willkommen. Conny und Paul bieten kreative Erlebnisküche mit einer Mischung aus kanarischen und europäisch inspirierten Gerichten. An Vorspeisen gibt es z. B. Datteln mit Speck, als Hauptgang Kaninchen in Senfsoße, *Gallo*-Filets mit Curry-Garnelen, Gemüse-*zarzuela* (Eintopf auf Tomatenbasis), Entenbrust in Calvados, Rumpsteak mit einer Füllung aus Ziegenkäse à la Fuerteventura. Da die Anzahl an Tischen begrenzt ist, sollte man reservieren.

🗺 164 B2
📍 Hinter CC El Palmeral (linke Seite)
📞 646 755 305
🕐 Di–So 18–24 Uhr

Fuerte Action €–€€

In diesem modischen, lockeren Trendcafé trifft man Surffanatiker und auch viele schicke Leute. Über die Bildschirme flimmern Surfszenen, vor denen man dankenswerterweise aber auch auf die (ruhigere) Terrasse ausweichen kann. Wegen des vielseitigen Angebots – Spare Ribs, Hähnchen, Pasta, hausgemachte Burger, Tapas, Baguettes, Salate, gutes Frühstück, hervorragender Kaffee und der Mini-Eisdiele – kommen viele Stammgäste ins *Fuerte Action*.

➕ 164 B2
✉ CC El Palmeral (an der Hauptstraße neben der Tankstelle)
☎ 928 875 996
🕐 tägl. 8–0.30 Uhr (Essen bis 22.30 Uhr)

Posada San Borondon I €€

Die spanische Taverne mit niedriger Decke und dunklem Holz ist mit Apfelpressen, riesigen Fässern und irdenen Krügen dekoriert und hat viel Flair. Wie in Costa Calma üblich, ist vieles nicht echt, aber dennoch nett. Der gut aufgelegte Besitzer gießt aus großer Höhe die Sangria ein und spendiert dem kosmopolitischen Publikum dazu Kroketten und andere Knabbereien bei Live-Musik (außer montags). Die Speisekarte ist lang und bietet Tapas von der Insel und dem Festland, z.B. Bohnen aus Asturien, Champignons in Sherrysoße, Linsen à la Lanzarote. Eine kurzere Karte listet einfachere, spanisch angehauchte Gerichte auf.

➕ 164 B2
✉ CC Sotavento
☎ 928 547 100
🕐 tägl. 11–1.30 Uhr

La Terraza del Gato €€

Das Risco del Gato (▶ 103) ist das individuellste und ungewöhnlichste Hotel von Costa Calma, sein klassisch-modernes weißes Café-Restaurant spiegelt diesen Minimalismus wieder. An internationalen Gerichten locken Entenbrust mit Portwein und Trauben, aus Burgos hausgemachte Lammkoteletts, der Spargel ist aus Navarra, ferner gibt es Carpaccio mit Manchego-Käse und eine breite Aus-

wahl an kaltem Braten, Würstchen und kanarischen Speisen zu vernünftigen Preisen. Auf der Terrasse mit Rattanmöbeln genießt man einen schönen Blick übers Meer. Donnerstags und sonntags Live-Musik.

➕ 164 B2
✉ Calle Sicasumbre
☎ 928 547 030
🕐 tägl. 12–24 Uhr

ESQUINZO

Marabú €€

Der beliebte Familienbetrieb liegt etwas versteckt zwischen der Hauptstraße und dem Strand von Esquinzo in einem hübschen Garten mit Patio. Auch wenn sich innen viele traditionelle Elemente finden, wirkt alles modern und einladend. Küchenchef Ralf Johmann zaubert Gerichte wie Chateaubriand, gegrillten Rochen mit Knoblauch und Paprikaschoten, Meerbrasse mit Salzkruste und Lammspezialitäten auf den Tisch. Eine Reservierung empfiehlt sich.

➕ 164 A1
✉ Calle Fuente de Hija
☎ 928 544 098,
www.marabu-online.com
🕐 Mo–Sa 13–23 Uhr

JANDÍA PLAYA

La Casa Vieja de Don Camillo €€

Die *Casa Vieja* zählt zu den wenigen traditionellen Restaurants in Jandía Playa. Die spanische Bodega hat eir e große Terrasse zur Hauptstraße hinaus; der schönste und ruhigste Teil des Lokals versteckt sich allerdings hinten. Herzhaftes Fleisch vom Grill ist die Spezialität des Hauses.

➕ 164 A1
✉ Avenida del Saladar
☎ 928 541 825
🕐 tägl. 12–23 Uhr

Cervecería Olimpico €

Das bekannte Lokal ist eine gelungene Mischung aus altmodischer Bierstube und modernem Café mit deckenhohen Fenstern. Von der mit gemütlichen Rattanstühlen möblierten großen Terrasse schaut man zum Leuchtturm hinüber. Die Auswahl an deutschem und spanischem Bier ist groß, ebenso auch das übrige Angebot an alkoholischen Getränken. Abends nimmt allerdings die Lautstärke der Musik zu, und das Lokal verwandelt sich in eine Disko-Bar.

+ 164 A1
⊠ Avenida del Saladar
☎ 928 166 012
⊙ tägl. 10–1 Uhr

Hong Kong €–€€

Wer einmal nicht spanisch bzw. kanarisch essen möchte, besucht das *Hong Kong* mit seinem typisch chinesischen Essen – es ist eines der besten Lokale im Süden. Fisch und Gemüse sind garantiert frisch und sollten neben der Spezialität des Hauses – Ente – ebenfalls probiert werden.

+ 164 A1
⊠ Cosmo Shopping Center
☎ 928 540 827
⊙ tägl. 12–24 Uhr

Cofradía de Pescadores €

Sich in dieser Hafenkneipe unter die Fischer zu mischen, ist sicher eine Erfahrung, bequemer sitzt man allerdings draußen, wo man der Dauerberieselung durch den Fernseher und dem Zigarettenqualm entgeht und zudem die zahlreichen Boote beobachten kann. Die Auswahl ist nicht groß, die Qualität aber hervorragend. Probieren sie unbedingt fangfrischen Fisch, raffiniert angemachten Salat und *papas arrugadas*.

+ 165 F1
⊠ Calle El Muelle   **☎ 928 540 179**
⊙ Mi–Mo 8–17 Uhr

Coronado €€€

Das *Coronado* ist eines der schicksten und angesagtesten Restaurants der Region. Es befindet sich in einem Architektenhaus, hat einen Pool und einen Tennisplatz. Hier können Sie Menüs oder auch nur einen Snack bestellen – Sie werden für jede Gelegenheit das richtige finden: Lounge-

Klassiker (z. B. Paella und Fondues für mehrere Personen), Vorspeisen und Tapas, Suppen und Salate, Steaks und Meeresfrüchte. Lassen Sie Platz für die unwiderstehlichen Desserts! Die Küche ist sehr gut und umfasst asiatische, französische, italienische und spanische Gerichte. Gelegentlich gibt es Livemusik und Shows.

+ 165 F1
⊠ Calle El Sol, 14   **☎ 928 541 174,**
www.restaurantecoronado.com

Posada San Borondón II €

Das vor rund 10 Jahren gebaute Lokal liegt versteckt hinter dem Hauptplatz in einem dunklen, einstöckigen Kolonialgebäude. Innen sorgen Unmengen Schinken, Knoblauch und landwirtschaftliche Geräte für eine gemütliche Atmosphäre. Auf der Speisekarte stehen an die 20 verschiedene Tapas, dazu gibt es abends Live-Musik. Ein schöner Ort, um den Abend zu beginnen oder zu beschließen.

+ 165 F1
⊠ Peatonal La Piragua   **☎ 928 541 428**
⊙ Täglich 12 Uhr bis spätabends

Saavedra Clavijo €€–€€€

Das etablierte Restaurant in der Altstadt ist die beste Wahl für Freunde eines guten Fischgerichtes. Im gut besuchten Lokal geht es meist hoch her. Die Gäste suchen sich ihren Fisch in der Vitrine aus oder bitten den Ober um eine Empfehlung.

+ 165 F1
⊠ Avenida Tomás Grau Gurrea
☎ 928 166 080
⊙ Mo–Sa 12 Uhr bis spätabends

Vesubio €–€€

Das Lokal ist eigentlich eine Pizzeria und der ideale Ort, um die auf der Strandpromenade vorbeiflanierenden Leute zu beobachten. Die Speisekarte bietet neben 17 verschiedenen Pizzen und Pastagerichten auch Kanincheneintopf als kanarische Spezialität und frischen Fisch aus der Vitrine.

+ 165 F1
⊠ Avenida Tomás Grau Gurrea
☎ 928 540 391
⊙ tägl. 11–22.30 Uhr

Wohin zum …
Übernachten?

Preise

Für ein Doppelzimmer gelten folgende Preise:
€ unter 60 Euro   €€ 60–90 Euro   €€€ 91–120 Euro   €€€€ über 120 Euro

Faro Jandia €€€

Das neue 4-Sterne-Hotel wurde in moderner kanarischer Architektur gebaut und liegt etwas zurückversetzt hinter den günstigen Einkaufszentren. Das Hotel gegenüber vom Leuchtturm hat 214 geräumige Zimmer, die bevorzugt von Pauschaltouristen gebucht werden. Geboten werden ein abwechslungsreiches Abendprogramm, drei Kunstrasen-Tennisplätze und die kostenlose Benutzung des Kur- und Wellness-Centers nebenan.

➕ 164 A1

Iberostar Fuerteventura Park €€€–€€€€

Dieses neue Hotel befindet sich am Hauptstrand von Jandia, hat große Einraum-Studios und Apartments mit einem oder zwei Schlafzimmern. Frühstück, Halbpension und All-inclusive sind möglich. Es gibt lediglich einen Tennisplatz und einen Mehrzweckplatz für sportliche Aktivitäten. Der Schwerpunkt des Hotels liegt auf Thai-Zen-Space: Entspannung und Pflege für Körper und Seele auf der Basis jahrtausendealter Traditionen.

✉ Jandia Playa
☎ 902 300 363, www.farojandia.com

Robinson Club Jandia Playa €€€€

Der Club wurde 1970 als erster deutscher Club dieser Art auf der Insel gegründet. Damals lag er noch sehr abgelegen, doch heute wirkt er etwas anachronistisch inmitten all der Hochhäuser und Amüsierlokale. Die Anlage wurde 1998 komplett renoviert und bietet ihren Gästen einen der schönsten Strandabschnitte der Playa Matorral. Der Standard ist hoch, die Gäste haben die Wahl zwischen vielen Freizeit- und Unterhaltungseinrichtungen. Bekannt ist der Club vor allem für sein großes Sport- und Wassersportprogramm. Es gibt zehn Tennisplätze und Segel, neun Katamarane und eine eigene Tauchschule. Ganz in der Nähe, in Esquinzo, gibt es einen weiteren und viel größeren Robinson-Club.

➕ 164 A1   ✉ Pasaje Playa 3, Las Gaviotas ☎ 928 070 300 (Buchung), 928 545 150, www.iberostar.com

Bungalows Risco del Gato €€€€

Trotzdem es heute von Hochhäusern umringt ist, bleibt das Luxushotel hinsichtlich Klasse und Stil unerreichbar. Die weißen Bungalows – sie erinnern an Häuser in Nordafrika – sind mit eirem Schlafzimmer, einem runden Badezimmer mit Bullauge, einem eigenen Patio und einem halbrunden Wohnbereich, der auf die Gärten hinausgeht, ausgestattet. Es gibt zwei Pools auf unterschiedlichen Ebenen; die herrlich angelegten Gärten vermitteln den 107 Gästen ein Gefühl von Großzügigkeit. Zusätzlich können die Gäste aus Spanien und Deutschland das Kur- und Fitnesscenter, den Kraftraum und das Gourmet-Restaurant besuchen.

➕ 164 B2   ✉ Calle Sicasumbre 2 ☎ 928 547 175, www.hotelriscodelgato.com

✉ Jandia Playa
☎ 928 169 100, aus Deutschland: ℂ 1803 7624, www.robinson.de

Río Calma €€€€

Auf den ersten Blick erinnert das Gebäude an eine große Kirche samt viktorianischem Treibhaus. Es liegt im Norden hoch auf einer Klippe mit Sicht über den ganzen Ferienort. Innen fühlt sich der Besucher in ein mittelalterliches Ambiente zurückversetzt. Ein Glaslift in der Form eines Märchenschlossstürmchens bringt die Gäste in den Wohnbereich, der im spanischen Kolonialstil mit Kolonnadengängen und Häusern in Pastelltönen gestaltet wurde. Mancher mag sich hier an die Altstädte von Barcelona oder Toledo erinnert fühlen. Der herrliche Garten geht auf eine Klippe hinaus. Alle 384 Zimmer haben einen atemberaubenden Panoramablick aufs Meer, außerdem stehen den Gästen alle erdenklichen Einrichtung eines Luxushotels zur Verfügung: Spa, Gourmet-Restaurants, vier Pools, Tennisplätze, Minigolf und Unterhaltungsprogramme.

⊞ 164 B2
✉ El Granillo ☎ 928 876 149,
www.r2hotels.com

Jandía Princess €€€€

Das große weiße Hotel ist im traditionellen Stil der Kanaren erbaut. 528 schicke Zimmer wurden in dreistöckigen Blocks mit Blick auf die schön angelegten Gärten untergebracht, die Anlage verfügt außerdem über drei große Pools – einer ist beheizt – und hat Zugang zur herrlichen Playa de Butihondo.

⊞ 164 A1
✉ Urb. Esquinzo Butihondo
☎ 928 544 089, 902 406 306
www.princess-hotels.com

Riu Calypso €€€

Das Hotel steht oben auf einem Hügel am schönsten Strandabschnitt von Jandía Playa/Morro Jable und nur ein paar Gehminuten vom Zentrum von Morro Jable entfernt. Der Blick von der Terrasse ist einer der schönsten im ganzen Ferienort, der Poolbereich ist ebenso attraktiv ge-

staltet. Die etwas schlichtere Einrichtung der Zimmer und der Speisesäle sind angesichts des relativ günstigen Preises verständlich. Es gibt ein Gesundheits- und Wellnesszentrum (gegen Gebühr), einen großen Pool und ein kleineres Becken für Kinder.

⊞ 165 F1
✉ Playa de Jandía ☎ 928 546 306,
928 540 026, www.riu.com

Club Aldiana €€€€

Der Club unter deutscher Leitung ist für sein breites Sportangebot und die Spa- und Wellnessanlagen bekannt und gilt als einer der Pioniere der Region. Er entstand Ende der 1970er-Jahre und liegt in einem traumhaft angelegten Park, der zu einem schönen Strandabschnitt hinunterführt. Dort befinden sich die Tauchschule und ein Fischrestaurant, in dem das Essen noch original kanarisch schmeckt. Die meisten Bungalows sind relativ einfach gehalten, doch gibt es auch einige Luxusvillen.

⊞ 164 A1
✉ Jandía Playa
☎ 01803/901 048 (9 Cent pro Min.),
www2.aldiana.de

Meliá Gorriones €€€–€€€€

Das frisch renovierte Hotel wurde 2005 wiedereröffnet und liegt herrlich abgeschieden am Anfang des berühmtesten Strandabschnitts der Playas de Jandía. Das renommierte Hotel zählt zu den gut besuchten im Süden, viele Gäste entscheiden sich wegen der Ruhe und Beschaulichkeit für dieses Hotel. Die Einrichtungen sind hervorragend: Über das weitläufige Areal verteilt liegen vier Pools, ein Tennisplatz, ein Spa und eine Sporthalle. Die bekannte Pro Centre René Egli Windsurf Schule (▶ 106) ist ebenfalls hier stationiert. Die Apartments in den Casas del Mar bieten viel Komfort und herrliche Aussicht.

⊞ 164 A1
✉ Playa Barca ☎ 928 547 025, von
Deutschland 0800 14 14 444,
www.solmelia.com

Wohin zum …
Einkaufen

JANDÍA PLAYA

Die Einkaufsmöglichkeiten im Süden beschränken sich weitgehend auf die Einkaufszentren von Jandia Playa und Costa Calma, wobei es in Costa Calma vorwiegend billige Andenken, Schmuck, Parfümerie, Duty-free-Elektroartikel und so genannte Schuh-Bazare gibt, in denen man um den Preis feilschen kann. Das **CC Cosmo** (das letzte Geschäft an der Hauptstraße nach Morro Jable) ist von allen noch das beste, ebenso der Juwelier **Continental**, bei dem die bekannten Markennamen vertreten sind. Gegenüber befindet sich eine gute Parfümerie mit günstigen Preisen. Der **Wochenmarkt** wird donnerstags neben dem Cosmo und sonntags morgens am Costa Calma abgehalten.

COSTA CALMA

Costa Calma kann zwar mit mehr Einkaufszentren als Jandia Playa aufwarten, doch ist das Angebot vergleichbar. Am besten ist das **El Palmeral** an der Hauptstraße an der Tankstelle.

Wer sehen will, was der wohl ausgestattete Surfer trägt, schaut im **Fuerte Action** vorbei; hier gibt es schicke Surfkleidung und Accessoires. Die Sportmarke hat René Egli, der Besitzer eines Wassersportzentrums (▶ 106), kreiert. Billig sind die Sachen zwar nicht, doch die Kleidungsstücke sind dafür funktional und qualitativ absolut hochwertig verarbeitet. Nebenan verkauft **Hodge Podge** ebenfalls gute Surfartikel.

Im Einkaufszentrum bietet **Mystic** gute Aloe-Vera-Produkte und eine kleine Auswahl an Kunsthandwerk an. Naturprodukte und Kunsthandwerk ebenso wie Geschenkartikel und Souvenirs hat auch **The Earth Collection** im Sortiment.

Der Juwelier **First One** zählt zu den besten auf der Insel und bietet Schmuck für jeden Geldbeutel an. Eine Niederlassung befindet sich im LTI Esquinzo Beach Hotel in der Urbanisación Esquinzo Butihondo.

Im **Fuerte Cabrito** werden schicke Kleidung und Accessoires verkauft, viele mit dem allgegenwärtigen Logo der Insel: der Ziege. Zweigstellen finden sich in Morro Jable und Costa Calma. Im **Qué Pasa** finden die Kundinnen modische und geschmackvolle Damenbekleidung und Accessoires (www.cabrito-fuerteventura.com)

Wer sich gern Blumen von den Kanarischen Inseln als Tischschmuck für zu Hause mitnehmen würde, schaut am besten im **Strelitzias** im Centro Comercial Costa Calma vorbei; die Blumen werden so geschickt verpackt, dass sie im Flugzeug ins Handgepäckfach passen. Im gleichen Einkaufszentrum befindet sich auch das **Maxoilores**, einer der wenigen Läden, in denen es Kite-Drachen und »Wind-Spielzeug« zu kaufen gibt.

MORRO JABLE

Der alte Teil von Morro Jable bietet nur wenig interessante Geschäfte. In der Nähe des Platzes mit Cafés, Restaurants und Bars finden sich an der Calle Nuestra Señora del Carmen das **Fuerte Cabrito** und das **Qué Pasa** (siehe links).

Spazieren Sie vom Platz ein Stück weiter aufwärts zum **Fuertino** in der Calle Diputado Manuel Velazquez Cabrera: Hier werden qualitativ hochwertige Kinderbekleidung und Spielsachen mit Motiven der Disney und Universal Studios verkauft.

Wer über die Promenade bummelt, kommt zu einem Geschäft, das ausschließlich Aloe-Vera-Produkte mit interessanten Informationen vertreibt.

LA LAJITA OASIS PARK

Das Geschäft im **La Lajita Oasis Park** hat eine breite Palette an Geschenkartikeln im Angebot. Es lohnt sich, hereinzuschauen.

Wohin zum ... Ausgehen?

NACHTLEBEN

Im Süden Fuerteventuras beschränkt sich das Nachtleben größtenteils auf die großen Hotels und Clubanlagen. In Jandía Playa ist am meisten los, dort gibt es einige Disko-Bars. An Sommerwochenenden sollte man die Disko **Stella** im Hotel Stella Canaris, das Disko-Pub **Tequila** in CC Faro oder die **Cervecería Olimpico** am Meer ausprobieren.

Costa Calma – »die ruhige Küste« – macht seinem Namen alle Ehre. Nach Einbruch der Dunkelheit ist hier nicht mehr viel los, aber man kann im **PMP** (Disko-Pub) in der CC Canada del Rio oder im Nachtclub **Eastside** des Soven-to Beach Club (Avenida Jandía) vorbeischauen. Im **Fuerte Action** (▶101) geht es immer hoch her, und wenn jemand weiß, wo gerade eine

Strandfete im Gange ist, dann sind es sicher die eingefleischten Surfer hier. Auf der anderen Straßenseite ist das **San Borondon 1** nicht nur ein guter Tipp zum Essengehen (▶101), sondern auch zum Musikhören (abends Live-Musik).

WASSERSPORT

Das **Pro Centre René Egli** am Strand von Sotavento zählt zu den renommiertesten Windsurf- und Kiteboard-Zentren Europas. Man kann sich von hervorragend qualifizierten Lehrern in die Grundzüge der Surftechnik einweisen lassen oder seine Fähigkeiten weiter ausbauen. Das **Fanatic**, ein Windsurfzentrum an der Costa Calma, ist ebenfalls empfehlenswert. Die Wassersporteinrichtungen und Kurse der Clubhotels Aldiana und Robinson (▶104) genießen ebenfalls einen hervor-

ragenden Ruf, stehen aber nur den hauseigenen Gästen offen. Wer tauchen will, kann das im **Sotavento Beach Club** (Tel.) in Costa Calma (Tel. 928 547 060) oder im **Felix Barakuda Club** (Tel. 928 541 418, www.tauchen-fuerteventura.com) in Jandía Playa tun.

Bei **Jet Ski Safari-Excursions** (Tel. 616 437 184) in Jandía Playa kann man einiges ausprobieren: Jetski, Wasserski, Wakeboard oder Bananenboot.

Am langen schwarzen Strand von Tarajalejo befindet sich das **Cat Company** (Tel. 695 205 525, www.catamaran-segeln.de) unter deutscher Leitung. Der Topveranstalter in Sachen Katamaransegeln.

ANDERE SPORTARTEN

Die **Academia de Golf Fuerteventura** (Di–Sa 10–18, So 10–14 Uhr, Tel. 928 549 105, www.golf-fuerteventura.net) in La Pared ist mit ihren weiß umringten Targetgreens inmitten von »Fairways« aus schwarzer Asche schon fast ein seltsamer Anblick. Es gibt einen Putting-Green und eine Übungsanlage. Unterrichts-

stunden sind hier ebenfalls möglich. **Tennis Matchpoint** (Tel. 639 313 664, 609 236 257, www.tennismatchpoint.de) ist ein Unternehmen mit sieben deutschen Tennistrainern. Sie bieten Kurse an und vermitteln Partner in passender Spielstärke für die Turniere, die in den zehn Hotels im Süden abgehalten werden. Man kann auch Plätze und Schläger mieten.

AUSFLÜGE

Ausgangspunkt ist der Hafen von Morro Jable. Hier starten die Touren zum Hochseefischen; Gruppen können eine Yacht chartern. Der **Magic Cat** Katamaran fährt von Morro Jable (Tel. 619 406 904).

Wer einen Blick unter die Wasseroberfläche tun möchte, nimmt das **Subcat** (Tel. 900 507 006, 629 153 583, www.subcatfuerteventura.com), das 30 m tief abtaucht. Die Ausflüge (täglich) dauern 90 Minuten und kosten für Erwachsene 55 Euro, für Kinder von 2–12 Jahren 31 Euro.

Lanzarote

Lanzarote
Erster Überblick

Anreise nach Lanzarote
Von Corralejo fahren Expressschiffe und Katamarane nach Playa Blanca an der Südspitze sowie nach Puerto del Carmen an der Südostküste von Lanzarote.

Schiffsverkehr nach Playa Blanca
Der von Fred Olsen betriebene Katamaran *Bocayna Express* befördert Fahrzeuge und Passagiere und benötigt nur zwölf Minuten für die Überfahrt. Der erste Katamaran nach Playa Blanca legt um 7.45 Uhr in Corralejo ab (am Wochenende um 9 Uhr); die letzte Rückfahrtsmöglichkeit von Playa Blanca besteht um 18 Uhr (Tel. 902 100 107, www.fredolsen.es, Rückfahrt Erwachsene 28 Euro; Rückfahrt Auto und zwei Erwachsene 93 Euro).

Der *Volcán de Tindaya* der Reederei Naviera Armas befördert Fahrzeuge und Passagiere in 30 Minuten zur Nachbarinsel. Das erste Schiff Richtung Playa Blanca legt um 8 Uhr in Corralejo ab, die letzte Rückfahrtsmöglichkeit ab Playa Blanca ist um 19 Uhr (Tel. 902 456 500, www.navieraarmas.com; Rückfahrt Erwachsene 28 Euro, Rückfahrt Auto und zwei Erwachsene 94 Euro). Von Playa Blanca fährt ein kostenloser Bus über Puerto del Carmen (Stopp am Einkaufszentrum Centro Comercial Biosfera Plaza) ins Zentrum von Arrecife. Dauer: 45 Minuten.

Verbindungen nach Puerto del Carmen
Die Personenfähre *Princess Ico* verkehrt zwischen Corralejo und Puerto del Carmen (auch bekannt als Fuerteventura Express, Tel. 928 614 322, www.princesa-ico.com). Abfahrtszeiten von Corralejo: tägl. außer Do und So 8.45 und 15.15 Uhr. Die Überfahrt dauert 50 Minuten und kostet 30 Euro. Man sollte unbedingt 15 Minuten vor Abfahrt am Hafen sein.

Für 7 Euro mehr kann man ein »Shopping Special« buchen und mit einem Glasbodenschiff nach Puerto del Carmen übersetzen, dort hat man sechs bis sieben Stunden Aufenthalt. Abfahrtszeiten in Corralejo: Mo und Fr 9.30, Di und Sa 10.30 Uhr; Preis 36 Euro.

Von Puerto del Carmen nach Arrecife
Der kostenlose Bus nach Arrecife fährt an der Biosfera Plaza ab. Wem die Abfahrtszeiten nicht zusagen, der nimmt in der Innenstadt von Puerto del Carmen ein Taxi für rund 16 Euro.

Günstigster Zeitpunkt
Am Montag haben einige Restaurants geschlossen. Wenn Sie Teguise besuchen wollen, vermeiden Sie den Samstag.
Sonntags findet ein Markt statt.

César Manrique
Der berühmteste Sohn Lanzarotes ist der große Künstler und Landschaftsarchitekt César Manrique (1919–92). Er entwarf nicht nur einige einzigartige Sehenswürdigkeiten, sondern konnte auch strenge Vorschriften durchsetzen, die den den Charakter der Insel bewahrt haben. Nicht zu-letzt ihm ist es zu verdanken, dass die Insel von den negativen Folgen des Massentourismus verschont blieb.

Sightseeing auf Lanzarote

Für alle, die etwas mehr von der Insel sehen möchten, empfiehlt es sich, mit dem Mietauto von Fuerteventura nach Playa Blanca überzusetzen. Der nette kleine Ferienort bietet gute Strände und viele weitere Sehenswürdigkeiten. Wer ohne Auto anreist, kann alternativ einen Wagen vor Ort mieten: am Hafen im Büro von Cabrera Medina oder im angrenzenden Einkaufszentrum bei einem der ortsansässigen Unternehmen. Cabrera Medina kostet in der Regel etwas mehr als die anderen Firmen auf Lanzarote, was bei einem Tag Aufenthalt aber nicht so sehr zu Buche schlägt.

Cabrera Medina: Tel. 928 517 128, www.cabreramedina.com.

Die Alternative zum Mietwagen ist ein Taxi, eine Tagesfahrt über die Insel kostet rund 160 Euro.

Touristeninformationen

Die Touristeninformation von Playa Blanca liegt 10 Fußminuten vom Hafen entfernt. Das Büro in Puerto del Carmen befindet sich am Strand; vom Hafen läuft man ungefähr eine halbe Stunde dorthin.

Playa Blanca: Calle El Varadero, s/n; Tel. 928 519 018.

Puerto del Carmen: Avenida de las Playas, Tel. 928 518 351.

Beide: Mo–Fr 10–17 Uhr; Juli–Sept. 10–16 Uhr, www.turismolanzarote.com

Einkaufen

Generell finden Sie in den Geschäften das gleiche Angebot wie auf Fuerteventura, jedoch ist die Auswahl größer und die Qualität in der Regel besser. Einzigartig auf Lanzarote sind drei »Produkte«: Vulkane, Weine (►Kasten) und ein Herr namens César Manrique (►108), alle drei werden auf vielfältige Weise vermarktet.

Welcher Wein?

Es gibt generell vier Hauptrichtungen: *Seco* ist oft sehr trocken und schmeckt häufig dünn und sauer. *Semidulce* (halbtrocken) ist der beliebteste Wein, er schmeckt gut gekühlt köstlich. Die Süßweine *Moscatel* und *dulce* trinkt man im Allgemeinen zum Nachtisch. Bei Bodegas *La Geria* (►120) kann man Weine verschiedener Winzer kosten.

Bei sämtlichen von Manrique geschaffenen Sehenswürdigkeiten werden schicke T-Shirts, Accessoires, Schmuck, Poster und andere Souvenirs verkauft, die vom Künstler entworfen wurden oder irgendwie mit seiner Person in Verbindung stehen. Läden der Fundación César Manrique finden Sie in Puerto del Carmen, Playa Blanca, Arrecife sowie Teguise, sie bieten ein breites Warenangebot.

Die Kunsthandwerker von Lanzarote kreieren wunderschönen Schmuck – vor allem Stücke mit schwarzer Lava und grünem Olivin. Der Halbedelstein besteht aus 10–15 % Eisen und 85–90 % Magnesium. Das wertvollste Naturmineral der Insel findet man häufig in Basalt eingeschlossen.

Erste Orientierung

Die gepflegten Straßen Lanzarotes, die von wunderschönen Designer-Häusern und Gärten gesäumt werden, stehen in auffälligem Kontrast zu den staubigen Straßen und trockenen Landschaften Fuerteventuras.

Ein paar Kilometer nördlich des Ferienorts Playa Blanca liegt Yaiza, ein Vorzeigedorf und zugleich das Tor zum Parque Nacional de Timanfaya. Hier befand sich 1730–36 das Epizentrum des gewaltigen Vulkanausbruchs, dem Lanzarote sein heutiges charakteristisches Aussehen verdankt.

Im Südosten des Nationalparks liegt der größte Ferienort Lanzarotes: Puerto del Carmen. Wie in Corralejo blieb der alte Fischerhafen an der langen Strandpromenade erhalten. Nordwestlich davon erreicht man die Inselhauptstadt Arrecife. Sie ist eine interessante Mischung aus Alt und Neu, hat einige besuchenswerte Geschäfte, eine malerische Lagune und eine weltberühmte Kunstsammlung.

Gen Norden befindet sich bei Tahiche der ehemalige Wohnsitz von César Manrique (► 108), den er in die Vulkanhöhlen hineingebaut hat. Ein Stück nördlich liegt die alte Hauptstadt Teguise mit wunderschön erhaltenen Häusern und Palästen, die teilweise aus dem 15. Jh. stammen.

Die größten Attraktionen der Insel liegen weiter nördlich und östlich – zum einen die Werke von Manrique – Jameos del Agua, Jardín de Cactus und Mirador del Río –, zum anderen Haría, das »Dorf der tausend Palmen«.

Parque Nacional de Timanfaya

El Golfo **4**

LZ704

Playa de Janubio

La Hoy

LZ702

LZ701

LZ2

Playa Blanca

Punta Pechiguera

Punta del Papagayo

Das Castillo de San Gabriel ist eine der Sehenswürdigkeiten von Arrecife

Punta Fariones
Orzola
8 **Mirador del Río**

LZ1
Cueva de los Verdes

El Risco de Famara
LZ201
9 **2**
7 **Haría**
LZ10
Jameos del Agua
Arrieta

Punta de Penedo
La Caleta de Famara
Bahía de Penedo
Mala

La Santa
Sóo
LZ10
Guatiza
10 **Jardín de Cactus**

Tenesar
LZ20
LZ401
LZ402
Tinajo
Tiagua
La Vegueta
LZ30
Teseguite
3 **Teguise**
LZ1

LZ67
LZ56
Tahiche
San Bartolomé
Costa Teguise
6
Fundación César Manrique

LZ30
La Geria
5
La Geria
LZ2
Tías
11 **Arrecife**

Puerto Calero
12
Puerto del Carmen
Playa Quemada

0 _____ 8 km
0 _____ 5 miles

★ **Nicht verpassen!**

1 **Parque Nacional Timanfaya** ► 114
2 **Jameos del Agua** ► 116
3 **Teguise** ► 118

Nach Lust und Laune!

4 El Golfo ► 120
5 La Geria ► 120
6 Fundación César Manrique ► 120
7 Haría ► 121
8 Mirador del Río ► 121
9 Cueva de los Verdes ► 122
10 Jardín de Cactus ► 122
11 Arrecife ► 122
12 Puerto del Carmen ► 123

Lanzarote an einem Tag

Die folgende Routenbeschreibung geht davon aus, dass Sie mit Ihrem Mietwagen nach Lanzarote übersetzen.

Vormittags

Nehmen Sie die erste Volcán-de-Tindaya-Fähre, dann erreichen Sie Playa Blanca auf Lanzarote etwa um 7.30 Uhr. Fahren Sie auf der LZ2 in Richtung Yaiza und biegen Sie nach 10 km links ab, um **4 El Golfo** (rechts, ► 120) zu besichtigen. Fahren Sie anschließend wieder auf die LZ2 zurück und biegen Sie nach gut 2 km links zum **1 Parque Nacional de Timanfaya** (► 114f, ab 9 Uhr geöffnet) ab. Hier können Sie einen Kaffee trinken und sich die »Vulkaneffekte« von den Rangern zeigen lassen. Lohnenswert ist auch die 35-minütige Bustour.

Weiter geht es wieder in Richtung Yaiza. Biegen Sie links auf die LZ2 und nach 1 km links auf die LZ30 ab, eine landschaftlich eindrucksvolle Straße, die mitten durch das Weinbaugebiet **5 La Geria** (► 120) führt. Etwa 100 m hinter der *Bodega Geria* sehen Sie die *Bodega El Chupadero* (links). Das Lokal ist zauberhaft, kehren Sie hier für einen Kaffee oder ein Mittagessen ein (► 125).

Auf der LZ30 erreichen Sie nach weiteren 13 km das **Monumento al Campesino**, eine abstrakte Statue von César Manrique, die die Mitte der Insel markiert. Auch die dortige Bodega ist gemütlich und einladend.

Nachmittags

Auf der gleichen Straße geht es weiter nach ❸ **Teguise** (► 118), das während der Kolonialzeit die Hauptstadt der Insel war. Besichtigen Sie den Palacio Herrera und bummeln Sie durch die Gassen und über die gepflasterten Plätze. Neben architektonischen Kleinoden und liebevoll restaurierten alten Häusern finden Sie auch einige hübsche Geschäfte (rechts) im Ort. Gegen 14 Uhr sollten Sie wieder an den Aufbruch denken. Gleich hinter dem Castillo de Santa Bárbara biegen Sie rechts nach Teseguite ab und nach weiteren 6 km links auf die LZ1. Nach 1 km ist Guatiza rechts ausgeschildert, nach weiteren 3 km erreichen Sie den ❿ **Jardín de Cactus** – ein modernes »botanisches Kunstwerk« von César Manrique (► 122). Das Café dort ist hübsch, doch behalten Sie die Uhr im Auge.

Fahren Sie weiter gen Norden, wobei Sie nach gut 1 km wieder die LZ1 erreichen. Nach 3 km sind rechts die ❷ **Jameos del Agua** (► 116f) ausgeschildert. Um sich alles in Ruhe anzusehen, sollten Sie eine Stunde einplanen. Gegen 16.15 Uhr fahren Sie auf der LZ1 in Richtung Süden nach ⓫ **Arrecife** (unten) weiter. Nehmen Sie dort die Umgehungsstraße *(circunvalación)* und folgen Sie dann der Beschilderung nach Tias und Yaiza, nach einer Stunde Fahrt über eine Schnellstraße sehen Sie wieder die ersten Häuser von Yaiza. Wenn die Zeit reicht, empfiehlt sich das Restaurant *La Era* (► 125) für ein Abendessen. Reservieren Sie einen Tisch und weisen Sie ausdrücklich darauf hin, dass Sie um 18.15 Uhr das Lokal verlassen müssen, um bis 18.45 Uhr am Hafen zu sein (Abfahrt der Fähre um 19 Uhr).

Parque Nacional Timanfaya

Der Nationalpark Timanfaya ist auch unter dem Namen Montañas del Fuego (Feuerberge) bekannt und zählt zu den spektakulärsten Landschaften der Erde. Doch gerade diese erscheint einem ewig weit weg, wenn man den Blick über dieses verbrannte Terrain schweifen lässt: Die Krater und das verbrannte Ödland vermitteln den Eindruck, als befinde man sich auf einem anderen Stern des Universums.

Timanfaya in seinem heutigen Erscheinungsbild entstand im Wesentlichen zwischen 1730 und 1736 als Folge von insgesamt 26 Vulkanausbrüchen. In dieser Zeit wurde ein Viertel der Insel zerstört, elf Dörfer unter Lava und Asche begraben. Da die Vulkane auf Lanzarote nur langsam explodierten, blieb ausreichend Zeit, die Bewohner rechtzeitig zu evakuieren.

Am besten fährt man von Süden in den Nationalpark. Die Vulkanlandschaft beginnt gleich nördlich von Yaiza; ein schelmischer Teufel von César Manrique heißt die Gäste im Park willkommen. Aus Naturschutzgründen ist es verboten, das Fahrzeug zu verlassen und zu Fuß durch das *malpaís*, das »schlechte Land«, zu wandern. Dies ist nur mit einem offiziellen Führer (▶ rechts) gestattet. Der erste Halt ist somit der Echadero de los Camellos (»Kamelpark«). Hier geht es oft etwas chaotisch zu, da hier alle Ausflugsbusse Halt machen und sich die Fahrgäste für einen Kamelritt auf den Berg hinauf anstellen.

Hinter der Zahlstelle fahren Sie noch ein kurzes Stück in den Park hinein und können Ihr Auto dann am Besucherzentrum abstellen. Dort demonstriert ein Parkmitarbeiter die bis

Im Timanfaya-Nationalpark erfährt man auf der Route der Vulkane alles über die geothermischen Aktivitäten der Region

heute andauernde Aktivität des Vulkans: So ruft ein in eine Röhre im Boden gegossener Kübel Wasser einen Geysir hervor; ein in eine Spalte geworfener trockener Ast fängt augenblicklich Feuer. Und schließlich darf ein Mutiger aus dem Publikum eine Hand voll – heiße! – Erde in der Hand halten.

Regelmäßig starten die Busse für die 35-minütige Vulkanrundfahrt Ruta de los Volcanes, die Ihnen einen guten Überblick über das Zentrum des Parks vermittelt. Während der Busfahrt wird Ihnen die Landschaft auf Deutsch erklärt, stimmungsvolle Musik verstärkt noch den einzigartigen Landschaftseindruck.

KLEINE PAUSE

Im Restaurant genießt man einen 360-Grad-Rundblick. Das Fleisch brutzelt auf einem gigantischen Grill über die Hitze des Vulkans – die Qualität ist sehr gut. (Reservierungen unter Tel. 928 173 105, 12–15.30 Uhr, Café/Bar 9 bis 16.45 Uhr.)

Vom Rücken eines Kamels (links) wirkt die Wüstenlandschaft mit dem Blick zur Caldera Blanca noch eindrucksvoller

➕ 166 B2 ☎ 928 173 789, www.centrosturisticos.com 🕐 tägl. 9–18 Uhr, letzte Bustour 17 Uhr 💶 teuer (Kinder unter 12 gratis)

PARQUE NACIONAL TIMANFAYA: INSIDER-INFO

Top-Tipps: Es ist gleichgültig, ob Sie sich die **geothermische Vorführung** vor oder nach der Bustour ansehen; sie wird den ganzen Tag über ständig wiederholt.

Außerdem: Es werden **zwei Wanderungen** in den Park angeboten. Auf der kostenlosen Wanderung werden Sie von einem Parkmitarbeiter begleitet, Ausgangspunkt ist das Besucherzentrum Mancha Blanca (Tel. 928 840 839, Mo, Mi und Fr; Reservierung notwendig). Eine weitere Tour bietet Canary Trekking an, das Unternehmen wurde von ehemaligen Parkmitarbeitern gegründet. Die Wanderung ist länger und recht teuer, aber auf jeden Fall lohnenswert (Tel. 609 537 684, www.canarytrekking.com).

Muss nicht sein! Wer noch nie auf einem Kamel geritten ist, kann hier einen ersten Versuch wagen, das Gedränge ist allerdings groß.

2 Jameos del Agua

Viele finden, dass diese Schauhöhlen das beeindruckendste Werk von César Manrique sind. Wenige wissen, dass die Höhlen auch sein erstes Touristenzentrum auf der Insel waren. Ein *jameo* (sprich: chameo) entsteht, wenn extrem heißes Vulkangas durch massives Gestein schießt und so einen Schlot oder eine Höhle in das Gestein schmilzt. Der *jameo* selbst ist der oberste Teil eines solchen Schlots, der später eingestürzt ist, sodass heute Licht in die Höhle fällt. Manrique gestaltete zwei dieser *jameos* und einen Lavakanal, der zwischen ihnen verläuft, in eine Fantasy-Grotte um.

Wenn man den ersten *jameo* betritt, findet man sich in einer kühlen, dunklen Café-Bar mit wild wuchernden Tropenpflanzen wieder. Sobald sich die Augen an das Zwielicht gewöhnt haben, kann man Nischen und kleine Alkoven ausmachen, die nachts ein Eigenleben entwickeln – als Restaurant, in dem gelegentlich Musikveranstaltungen (► unten) stattfinden. Daneben liegt eine Höhle mit einem dunklen See. Bei genauem Hinsehen erkennt man, dass das ruhige Gewässer von Hunderten von winzigen, fluoreszierenden Albinokrebsen besiedelt ist. Sie lebten einst in den Tiefen des Ozeans. Heute ist der See der einzige Ort auf Erden, an dem sie noch zu finden sind.

Wenn man aus der Dunkelheit wieder ans Tageslicht tritt, erwartet den Besucher eine Überraschung: Der zweite *jameo* ist ein leuchtend blauer Pool im Südseestil.

Einer der jameos ist heute ein idyllisch gelegenes Schwimmbecken

Am hinteren Ende des Pools beherbergt die letzte Höhle ein Auditorium mit nahezu perfekter Akustik; hier finden Folklore-Shows und Konzerte statt.

Geht man die Treppen hinauf, steht man in der Casa de los Volcanes (Vulkanhaus) mit einer interaktiven Ausstellung und einem Forschungszentrum. Die Einführung in die Welt der Vulkane ist hervorragend, hier erfährt man alles Wissenswerte über den Vulkanismus auf Lanzarote und den übrigen Kanareninseln.

Genießen Sie die besondere Atmosphäre im Ausstellungsraum und legen Sie eine Pause in der Vulkanhöhle ein, um etwas zu trinken

KLEINE PAUSE

Am Anfang und am Ende der Besichtigungstour gibt es jeweils ein Lokal. Das erste empfinden viele als arg schummrig, das zweite befindet sich oberhalb des Pools. Beide bieten Imbisse an – allerdings recht teuer.

✚ 167 F4 ☎ 928 848 020, www.centrosturisticos.com 🕐 tägl. 10–18.30, Di, Fr, Sa auch 19.30–2 Uhr 👐 teuer

Restaurant ☎ 928 848 024 🕐 Di, Fr, Sa 19.30–1.45 Uhr 👐 teuer

JAMEOS DEL AGUA: INSIDER-INFO

Außerdem Wer Zeit hat, sollte die Cueva de los Verdes besichtigen, die zum gleichen unterirdischen Höhlensystem gehört. Der Eingang liegt nur ein paar hundert Meter entfernt (► 122). Hier können Sie einen Vergleich zwischen Manriques künstlich gestalteten und diesen Naturhöhlen ziehen.

Muss nicht sein! Wenn man die letzten Räumlichkeiten der Casas de los Volcanes erreicht hat, ist man ziemlich erledigt.

③ Teguise

Teguise wurde im 15. Jh. gegründet und ist somit die älteste Stadt Lanzarotes. Die Konquistadoren machten sie zu ihrer Kapitale – und das blieb sie bis 1852. Viele der weiß getünchten Häuser im Kolonialstil wurden in den letzten Jahren liebevoll restauriert; sie beherbergen heute erstklassige Restaurants und noble Geschäfte. Teguise ist klein und hat kein modernes Neubaugebiet, in den schmalen Gassen hält sich der Verkehr in Grenzen. Es dauert nur zehn bis 15 Minuten, um von einem Ende der Stadt zum anderen zu spazieren, man kann sich also ohne Eile einfach so treiben lassen.

Sechs Tage pro Woche liegt Teguise in einer Art Dornröschenschlaf, doch dann drängen am Sonntag Tausende von Touristen auf den Markt, der sich über die gesamte Innenstadt verteilt. Volkstänzer und Musiker treten am Hauptplatz auf, der von der schönen Kirche **Nuestra Señora de Guadalupe** beherrscht wird. Hier steht auch der **Palacio Spínola**, der zwischen 1730 bis 1780 errichtet wurde und ein Museum (*casa-museo*) beherbergt. Es lohnt sich, auch einen Blick in die Bank Caja Canarias zu werfen (So geschl.); sie diente einst als Getreidespeicher (1680). Unweit des Hauptplatzes liegt die Plaza 18 de Julio, die von historischen Gebäuden gesäumt wird. In einigen von ihnen befinden sich Geschäfte und Lokale. Ein weiteres, malerisch weißes Gebäude mit einem typisch kanarischen Balkon liegt ganz in der Nähe: Die Casa Cuartel war früher eine Kaserne. Eines der beiden Klöster der Stadt hat ebenfalls eine neue Funktion. Der Convento de Santo Domingo aus dem 18. Jh. beherbergt heute eine Ausstellung moderner Kunst, während der schöne Convento de San Francisco ein Museum für sakrale Kunst ist. Zwischen letztgenanntem Kloster und der Kirche sollte man den **Palacio del Marqués** in der Calle Marqués de Herrera y Rojas besichtigen. Sie wurde 1455 erbaut und ist das älteste Gebäude der Stadt. Heute befindet sich darin die attraktive Gartenbar Patio del Vino (► 125).

Die Iglesia de Nuestra Señora de Guadalupe (links) ragt hoch über Teguise auf. Besuchen Sie auch das Museum im Palacio Spínola (rechts)

KLEINE PAUSE

Wer die Wahl hat, hat die Qual:
Der *Patio del Vino* im Palacio del
Marqués (➤ 125) ist genauso
empfehlenswert wie die *Bodeguita
de Medio* (➤ 125) und die *Bodega
Santa Bárbara*.

─────────────

🕂 167 D3
www.costateguiseturismo.org

Convento de Santo Domingo
✉ Calle de Santo Domingo 🕐 So–Fr 10–15
☎ 928 845 001 💳 frei

Palacio Spínola
✉ Plaza de la Constitution ☎ 928 845 181
🕐 Mo–Fr 9–16, So 10–15 Uhr; Juli–Sept.
10–14 Uhr 💳 preiswert

Palacio del Marqués
✉ Calle Marqués de Herrera y Rojas
☎ 609 475 043 🕐 Mo–Fr 12–20,
So 10–15 Uhr 💳 preiswert

Castillo de Santa Barbara
✉ 1 km nordöstlich von Tegiuse
☎ 928 845 001 🕐 tägl. 10–17 Uhr;
Juli–Sept. 10–16 Uhr
💳 preiswert

TEGUISE: INSIDER-INFO

Top-Tipps: Teguise sollte man am **Sonntag** besuchen, denn dann sind nicht
nur die Marktstände, sondern auch alle Geschäfte geöffnet.
Es gibt eine Touristeninformation in der Palacio Spínola (➤ 118).
Unter www.teguise.com/callejero-in.html können Sie sich einen kostenlosen
Stadtplan herunterladen.

Muss nicht sein! Der Innenraum des Denkmals **Iglesia Nuestra Señora de
Guadalupe** wurde nach einem Feuer 1909 lieblos restauriert und enttäuscht.
Die deutschen und englischen Markstände mit Essen aus der Heimat sind
nicht der Renner.

Außerdem: Das **Castillo de Santa Bárbara** (16. Jh.) auf dem Berg über Teguise
beherbergt ein faszinierendes wie auch erschütterndes **Museum** über kanarische
Auswanderer. Allein die herrliche Aussicht lohnt schon den Aufstieg.

Nach Lust und Laune!

❹ El Golfo

In der Umgebung des kleinen weißen Fischerdorfs erwarten Sie phantastische Strände sowie eine besondere geologische Landschaft. Von Süden kommend, gibt es zwei Anfahrtsmöglichkeiten. Die erste ist mit »Charco de los Clicos« ausgeschildert und führt an zerklüfteten und gerieffelten Klippen vorbei zu einem schwarzen Lavastrand und zu bizarren Felsformationen. Hinter dem Strand ist die Hälfe des Vulkans El Golfo abgebrochen und bildet nun eine Art Amphitheater in allen Schattierungen von Orange bis Rot. Hauptsehenswürdigkeit ist die Lagune in sattem Smaragdgrün, deren Farbe wohl durch die Algen hervorgerufen wird.

Den schönsten Blick auf die Lagune hat man natürlich von oben. Den erhöht verlaufenden Fußweg erreicht man vom Dorf aus, er ist mit »El Golfo« ausgeschildert.

➕ 166 B2

❺ La Geria

Lanzarotes Weinregion ist weltweit einzigartig, denn hier werden die Weinstöcke in Senken gepflanzt, damit sie besser in der Vulkanerde gedeihen können. Jede Senke ist mit einer etwa 1 m hohen hufeisenförmigen Steinmauer umgeben. So soll die geringe Feuchtigkeit von der Lava gehalten und gleichzeitig die Pflanze vor Wind geschützt werden. Die unzähligen so genannten *zocos* bilden vor der dunklen Lavalandschaft ein eindrucksvolles grafisches Muster. Wer auf der LZ30 von Uga zum Monumento al Campesino fährt, kann einen Blick auf dieses Weinbaugebiet werfen. Und wer im Anschluss einen der Weine probieren möchte, kann dies in den Bodegas entlang der Straße tun.

➕ 166 C2

❻ Fundación César Manrique
(El Taro de Tahiche)

Die Stiftung César Manrique fördert künstlerische Aktivitäten in den Themenbereichen Umwelt und Kultur und wurde 1982 von Manrique (▶ 108) persönlich ins Leben gerufen. Ihren Sitz hat sie in el Taro de Tahiche, dem eindrucksvollen Wohnsitz des Künstlers. Wie Jameos del Agua (▶ 116f), das früher gebaut wurde, ist auch El Taro de Tahiche auf einem Lavastrom errichtet worden – die *jameos* bestimmen ganz wesentlich das Aussehen des

Einzigartig sind die Anbautechniken im Weingebiet La Geria

Hauses. Im Gebäude zeigt eine **Ausstellung** zeitgenössische Kunst mit vielen Werken von Manrique. Größte Sehenswürdigkeit ist aber das Haus an sich.

☼ 167 E2 ✉ Tahiche ☎ 928 843 138, www.fcmanrique.org ⏰ Juli–Okt. tägl. 10–19 Uhr; Nov.–Juni Mo–Sa 10–18, So 10–15 Uhr 💰 teuer

7 Haría

Das reizende kleine Städtchen mit seinen weißen, kubusartigen Häusern liegt im »Tal der tausend Palmen«; es drängen sich unwillkürlich Vergleiche mit nordafrikanischen Oasen auf. Haría ist bekannt für sein Kunsthandwerk und lockt mit einigen sehr schönen Geschäften. Die kurze Allee (Fußgängerzone) schaut man sich am besten am Sonntag an, dann ist sie Schauplatz eines **Kunsthandwerksmarktes**. Die Allee führt auch zur Kirche und dem angrenzenden **Museo de Arte Sacro** (Museum für sakrale Kunst).

☼ 167 E4 ✉ Museo de Arte Sacro ☎ 928 835 011 ⏰ Mo–Sa 10–17 Uhr 💰 mittel

8 Mirador del Río

Der Aussichtspunkt war früher eine Geschützstellung und zählt zu den spektakulärsten Aussichtspunkten des ganzen Archipels. César Manrique hat ihn sorgsam angelegt: Weder der Eingang noch der geschwungene Korridor, durch den man den Hauptraum erreicht, lassen ahnen, was als Nächstes kommt – ein weiter Panoramablick durch raumhohe Fenster auf die Isla la Graciosa und die blaue Meerenge von El Río. Man kann nach draußen gehen,

Koschenille-Läuse

Neben dem Parkplatz des Jardín de Cactus erklärt ein alter Mann die Bedeutung der Feigenkateen (Opuntien) in diesem Teil der Insel: Sie locken Koschenille-Läuse (Parasiten) an, aus denen – getrocknet und zermalmt – Koschenille gewonnen wird. Der leuchtend rote Farbstoff wird von der Lebensmittel- und Getränkeindustrie verwendet.

um die schöne Lage an den Steilklippen zu genießen, die hier 450 m tief ins Meer stürzen.

🪧 167 E4
🕐 tägl. 10–17.45 Uhr,
www.centrosturisticos.com
🎫 mittel

❾ Cueva de los Verdes

Der Volcán de la Corona, der die Jameos del Agua (► 116f) schuf, brachte auch die Cueva de los Verdes hervor. Der Name geht auf eine Familie zurück, die einst hier lebte. Im 16. und 17. Jh. nutzen die Inselbewohner die Höhle, um sich vor Piraten und Sklavenhändlern zu verstecken. Im Rahmen einer Führung lernt man das 2 km lange Labyrinth kennen, das kunstvoll beleuchtet wird.

🪧 167 E4 ☎ 928 848 484,
www.centrosturisticos.com
🕐 tägl. 10–18 Uhr (letzter Einlass 17 Uhr)
🎫 teuer

❿ Jardín de Cactus

Selbst wer kein großer Gartenfan ist, wird von dieser Anlage begeistert sein. In einem ehemaligen Steinbruch finden sich 10 000 Kakteen in allen Größen, Formen und Farben – sogar gelbe und pinkfarbene. Unter den Wüstenpflanzen sind Ohrenkakteen, Aasblumen und Schlangenkakteen. Die surrealistische Szenerie runden bizarre Vulkanfelsen im Stil von Dalí sowie eine

Es macht Spaß, in Arrecife am Meer entlang zu spazieren (oben) und dann die Kakteen im Jardín de Cactus (unten rechts) zu zählen

Windmühle ab. Die Anlage war eine der letzten Arbeiten von Manrique und eine seiner liebsten.

🪧 167 E3 ✉ Zwischen Guatiza und Mala
☎ 928 529 397, www.centrosturisticos.com
🕐 tägl. 10–18 Uhr, letzter Eintritt 17.45 Uhr
🎫 mittel (inkl. Getränk)

⓫ Arrecife

Früher stattete man der Inselhauptstadt eigentlich nur an Regentagen einen Besuch ab, um zum Einkaufen zu gehen. Doch die Stadtoberen haben sich viel Mühe bei ihrer Verschönerung gegeben, sodass die Stadt inzwischen bei jedem Wetter ein lohnendes Ausflugsziel ist. Die Promenade wird von tropischen Gärten gesäumt, der Musikpavillon wirkt seit seiner Restaurierung wie aus dem Bilderbuch stammend. Jeden Mittwoch findet hier ein hübscher Kunsthandwerksmarkt statt. Landeinwärts stehen einige Reihen mit restaurierten Häusern unterschiedlicher Stilrichtungen und Epochen. Ein Fußweg führt zum **Castillo de San Gabriel** (1590), in dem ehemals ein archäologisches Museum untergebracht war und das heute nur für Ausstellungen geöffnet ist.

Durch die Fußgängerzone erreichen

Drei ungewöhnliche Sehenswürdigkeiten an der Südwestküste
• El Golfo: eine leuchtend grüne Lagune, eingerahmt von einem halben Vulkan (➤ 120)
• Los Hervidores: Höhlen und Grotten, in denen das Meer blubbert und schäumt
• Salinas de Janubio: die größten noch bewirtschafteten Salzpfannen Lanzarotes

Sie die malerische **Iglesia de San Ginés**, eine herrlich restaurierte Kirche aus dem 18. Jh. Der dahinter liegende **Charco (Lagune)** San Ginés ist ideal für einen gemütlichen Spaziergang, bei dem man die hier dümpelnden Boote beobachten und eines der vielen Lokale besuchen kann.

Ein Stück weiter am Hafen vorbei erreicht man die Hauptattraktion der Stadt, das **Castillo de San José**. Es wurde im späten 18. Jh. erbaut und von César Manrique restauriert; heute befindet sich hier das anerkannte **Museo Internacional de Arte Contemporáneo** (Museum für zeitgenössische Kunst). Die ausgestellten Werke wechseln, doch findet man fast immer einen Picasso oder Miró und natürlich Arbeiten von Manrique. Der Kontrast zwischen den alten dunklen Steinen und den modernen Kunstwerken ist beeindruckend. In der Burg ist auch ein sehr empfehlenswertes Restaurants (➤ 124) untergekommen.

Drei zauberhafte Exkursionen unter der Erde
• Taro de Tahiche: César Manriques geniales Wohnhaus (➤ 120f)
• Jameos del Agua: eine witzige Fantasy-Grotte (➤ 116f)
• Cueva de los Verdes: Hier bahnten sich einst kochende Lava und Gas ihren Weg durch die Erde (➤ 122)

➕ 167 E2 ✉ Museo Internacional de Arte Contemporáneo, Castillo de San José, Carretera de Puerto Naos
☎ 928 812 321, www.centrosturisticos.com
🕐 tägl. 11–21 Uhr 🎟 frei

Drei herrliche Ausblicke
• Mirador del Río (➤ 121f)
• Das oberste Stockwerk des Arrecife Grand Hotel (➤ 124)
• Castillo de Santa Bárbara, Teguise (➤ 119)

🄫 Puerto del Carmen

Puerto del Carmen ist der wichtigste Ferienort Lanzarotes. Die Avenida de las Playas wird von unzähligen Restaurants, Kneipen und Nachtlokalen gesäumt, die Strände ziehen sich bis fast zur halben Wegstrecke nach Arrecife. Geschäfte gibt es mehr als genug, Lokale nicht minder. Das schönste Stadtviertel erstreckt sich rund um den Hafen.

➕ 165 C2

Wohin zum ... Essen und Trinken?

Preise

Die Preise gelten pro Person für ein Drei-Gänge-Menü ohne Getränke und Service:

€ unter 15 Euro   €€ 15–25 Euro   €€€ über 25 Euro

Bodega €€–€€€

Suchen Sie sich einige Tapas an der gemütlichen Tapas-Bar aus, die in einem alten Haus mit mehreren kleinen Gaststuben steht, oder setzen Sie sich in das zur Straße offene Hauptrestaurant. Spezialität des Hauses sind Steaks und Gegrilltes, aber man kann auch einfach in der Bar ein Glas exzellenten Hauswein trinken und sich dazu eine Paté mit Cumberland-Soße oder gebratenen Ziegenkäse mit Preiselbeeren gönnen. Das Restaurant liegt günstig im Herzen der Altstadt oberhalb vom Hafen.

🚹 166 C2 ⊠ Calle Roque Nublo 3 ☎ 928 512 953 🕐 tägl. 13–24 Uhr

Bodegón El Sardinero €€–€€€

Das Restaurant zählt für Fischliebhaber zu den besten in der Altstadt. Das größere und förmlichere Lokal befindet sich unten am Platz an der Mole. Der Speisesaal liegt über einer beliebten, aber lauten Bar mit Blick über den Hafen. Ein paar Meter bergauf, dort wo die Restaurants mit dem Balkonen beginnen, findet Sie einen kleinen Ableger des *Bodegón*, hier geht es gemütlicher zu, die Tische sind mit karierten Tischdecken gedeckt.

eingeschossigen Haus mit moderner stilvoller Einrichtung. Die Karte wechselt jeden Tag und die Bedienung bringt Ihnen eine Tafel mit dem Speiseangebot an den Tisch. Die Küche ist modern kanarisch mit italienischem Einfluss. Probieren Sie die schwarzen Nudeln mit Garnelen in Orangensauce oder nehmen Sie den Seebarsch (es gibt immer eine frische Fischauswahl). Auch der Salat ist sehr gut.

🚹 166 C2 ⊠ Calle Tenerife (oberes Restaurant) ☎ 928 512 128 🕐 tägl. 12–23 Uhr ⊠ Restaurant an der Mole ☎ 928 511 847 🕐 tägl. 12–23 Uhr

Castillo de San José €€–€€€

Wem moderne Kunst gefällt, den spricht sicher das von César Manrique entworfene Restaurant an – kühnes Design mit Holzböden, schwarzen Plastiksesseln im Stil der 1960er-Jahre und Panoramafenstern mit Meerblick. Starten Sie mit Engelsfisch und Lachs-Carpaccio, probieren Sie dann eine Steinbrasse (*cerne*) mit Garnelen oder Thymian oder auch ein flambiertes Steak und nehmen Sie als Nachtisch noch ein *Gofio*-Eis.

🚹 167 E2 ⊠ Carretera de Puerto Naos ☎ 928 812 321 🕐 tägl. 13–15.45, 19.30–23 Uhr, Bar 11–24 Uhr

Emmax €€

Dieses Restaurant und Café eröffnete 2007 in einem typisch kanarischen,

Restaurante Panorámico Altamar, Gran Hotel €€€

In diesem 5-Sterne-Hotel genießt man nicht nur die Aussicht vom 17. Stock. Die großen Fenster und der helle Parkettboden vermitteln ein Gefühl von Licht und Weite, und auf der Speisekarte stehen innovative kanarische Gerichte. Billig ist es nicht, aber für dieses noble Ambiente sind die Preise noch akzeptabel.

🚹 167 E2 ⊠ Avenida Playa Honda 21 ☎ 928 820 917 🕐 Mi–Mo 12–24 Uhr

🚹 167 E2 ⊠ Arrecife Gran Hotel, Parque Islas Canarias ☎ 928 800 000 🕐 tägl. 13–15, 20–23.30 Uhr

Bodeguita del Medio €–€€

Die stimmungsvolle kleine Tapas-Bar in einem historischen Gebäude bietet auch Tische auf dem Gehsteig; die Speisekarte ist in die Holztische eingeritzt. Ein angeschlossenes Geschäft verkauft einheimische Spezialitäten.

✚ 167 D3
✉ Plaza Clavijo y Fajardo 5
☎ 928 845 680
🕑 Mo–Fr 12–21, Sa/So 12–16 Uhr

Patio del Vino, Palacio del Marqués €€

Das noble Gartenlokal in einem der ältesten Häuser der Stadt (▶ 119) zählt zu den schönsten auf der ganzen Insel. Der deutsche Besitzer ist ein Weinkenner und hilft auch bei der Beratung. Genießen Sie dazu einige der hervorragenden Tapas und einheimische Spezialitäten.

✚ 167 D3
✉ Calle Herrera y Rojas 9
☎ 928 845 773
🕑 Mo–Fr 12–20, So 9.30–16 Uhr

La Era €€€

Das typischste und renommierteste Restaurant der Insel wurde im 17. Jh. als Bauernhaus erbaut, von César Manrique restauriert und 1970 eröffnet. Es liegt an einem Patio und hat mehrere kleine rustikale Speiseräume. Billig ist es nicht mehr, aber ein Muss, wenn man die authentische kanarische Küche kennen lernen möchte. Unbedingt reservieren.

✚ 166 B2
✉ Calle El Barranco
☎ 928 830 016
🕑 Di–So 13–23 Uhr

Almacén de la Sal €€€

Das Restaurant ist eines der ungewöhnlichsten und attraktivsten der ganzen Insel. Das 100 Jahre alte Lagerhaus wurde herrlich renoviert. Die Küche bietet baskische, galicische und kanarische Gerichte sowie interessante vegetarische Speisen. Die Tische auf der Terrasse stehen nur ein paar Schritte vom Strand entfernt.

✚ 166 B1
✉ Avenida Marítima 20
☎ 928 517 885, www.almacendelasal.com
🕑 Mi–Mo 11–1 Uhr

Bodega El Chupadero €€

Das kleine Juwel inmitten des Weinbaugebiets ist ein Geheimtipp. Die Tapasbar mit bunten weichen Kissen, moderner Kunst an den Wänden, stimmungsvoller Musik und nettem Personal bietet nicht nur ausgefallenes Essen, sondern auch eine schöne Atmosphäre. Probieren sollte man den geräucherten Thunfisch, die kanarische Linsensuppe und vielleicht noch Crêpes con Cactus. Alles wird kunstvoll serviert.

✚ 166 C2
✉ La Gería
☎ 928 173 115, www.el-chupadero.com
🕑 Di–So 11–21 Uhr

Casa Museo del Campesino Restaurante €€–€€€

Bei jedem Ausflug kommt man an diesem von César Manrique entworfenen Gebäude vorbei. Hier gibt es eine rustikale Bodega (ebenfalls von Manrique) mit hervorragenden *picoteo* (kleinen Happen). Wer größeren Hunger hat, hat die Wahl zwischen mehreren kanarischen Gerichten, die hier oder im tiefer gelegenen eleganten Restaurant serviert werden.

✚ 167 D2
✉ San Bartolomé
☎ 928 520 136 🕑 tägl. 10–16.30 Uhr

El Cortijo €€€

Des 200 Jahre alte Bauernhaus wurde herrlich restauriert. Man kann in den traditionellen Gaststuben oder auf der sonnigen Terrasse Platz nehmen. Zu den Spezialitäten gehören Spanferkel, Lamm, Kaninchen in Rosmarin und Fleisch vom Grill.

✚ 167 E4
✉ El Palmeral
☎ 928 835 686, http://restaurante cortijo.crazy-canary.com
🕑 tägl. 12–21 Uhr

Wohin zum ...
Einkaufen?

PUERTO DEL CARMEN

Die **Biosfera Plaza**, 10 Minuten zu Fuß den Berg hinauf, ist das beste Einkaufszentrum der Stadt, hier finden Sie viele internationale Modegeschäfte.

Artesania Canaria bietet von Hand gefertigte Waren aus Lanzarote, **Arteberita** ungewöhnliche, von der Insel inspirierte Kunstobjekte und **Natura** Souvenirs aus der ganzen Welt. Neben der Plaza bietet das **Olalá** ungewöhnliche Mitbringsel und Schmuck an.

Geht man den Berg hinunter Richtung Strand und die Avenida de las Playas entlang, findet man weitere Geschäfte, in denen Kameras, Uhren und preiswerte Elektroartikel verkauft werden. Die Auswahl an

Läden und Produkten ist größer als auf Fuerteventura, und wer geschickt handelt, findet sicher ein Schnäppchen. Ein Blickfang ist **La Tienda de las Cometas** mit Drachen in allen Farben und Größen – sehr nützlich für windige Tage auf Fuerteventura!

ARRECIFE

Die Mehrzahl der Geschäfte findet sich in der Hauptstadt. Die Fußgängerzone in der Innenstadt bietet vielerlei Läden, vor allem in der Hauptstraße Calle de León y Castillo. Über das Viertel haben sich Boutiquen mit schicker Kleidung und Accessoires niedergelassen, z. B. **Jack Jones, Tomás Panasco** und **La Puerta**.

Am Ende der besagten Avenida befindet sich im Einkaufszentrum **Atlántico** das Kaufhaus **Hiper-Dino**. Am schönsten ist Arrecife am Mittwoch, wenn an der Promenade ein **Kunsthandwerksmarkt** abgehalten wird.

TEGUISE

Die ehemalige Hauptstadt von Lanzarote ist für ihren **Sonntagsmarkt** (▶ 118) berühmt und auch für die ein Blickfang, die nichts kaufen wollen.

Die elegantesten Geschäfte der Insel residieren in jahrhundertealten Kolonialgebäuden.

Es gibt keine Läden mit internationalen Marken, sondern nur individuelle Einzelhandelsgeschäfte. Andenken an Lanzarote kauft man gut in der **Tienda Artesania Lanzaroteña**, im **Calzados y Mojos** oder bei **Artesania Guapa**, die alle an der Plaza Constitución (Hauptplatz neben der Kirche) liegen. Gleich hier offeriert **Malvasias** hervorragende lokale Weine und Produkte.

An der angrenzenden Plaza Clavijo y Fajardo sollte man in der **Galeria La Villa** vorbeischauen, wenn einem der Sinn nach exotischer Kleidung und Mobiliar aus Marokko steht.

Am nächsten Platz, der Plaza 18 de Julio, hat sich im alten Krankenhaus ein Geschäft etabliert, das hier gefertigte Teppiche und Läufer feilbietet.

An der Plaza Maciot de Béthencourt verkauft das **Tierra**, ein genossenschaftliches Unternehmen, schöne Keramiken, die zu den schönsten auf der Insel zählen. Nebenan bietet das **Jeronimo** attraktiven Glasschmuck an.

Indigo, gegenüber vom Convento de Santo Domingo, hat für Frauen jeden Alters wunderbare handgearbeitete Designermode. Am Montag und Sonntag sind viele Läden geschlossen.

HARÍA

Haria, eines der schönsten Dörfer (▶ 121), kann mit einigen Kunsthandwerksläden aufwarten. Der Kunsthandwerksmarkt findet am Samstag auf dem begrünten Hauptplatz statt.

Gran Canaria

Gran Canaria
Erster Überblick

Flüge von Fuerteventura nach Gran Canaria

Von Insel zu Insel fliegt Binter Canarias. Die Check-in-Zeit liegt bei 30 Minuten, der Flug selbst dauert 40 Minuten, dazu kommt noch die Fahrt nach Las Palmas von rund 30 Minuten. Mit der Acht-Uhr-Maschine sind Sie also schon vor 10 Uhr in Las Palmas. Die einfache Strecke kostet etwa 64 Euro (zzgl. Steuern), Flüge lassen sich in jedem Reisebüro buchen (Tel. 0034 902 391 392 oder www.binter canarias.com).

Flugzeiten: Die erste Maschine geht um 8 Uhr, weitere fliegen den ganzen Tag über in regelmäßigen Abständen. Der letzte Rückflug startet täglich um 21.30 Uhr am Flughafen Gando. Da sich die Flugpläne ändern können, sollte man die Zeiten im Internet überprüfen. Wer den ersten hin und den letzten Flieger zurück nimmt, hat rund zehn Stunden für die Besichtigung von Las Palmas zur Verfügung (unten und rechte Seite oben).

Ankunft am Flughafen Gando

Der Aeropuerto de Gando liegt 22 km südlich von Las Palmas. Den schnellsten und teuersten Transfer in die Innenstadt bieten die Taxis, die vor dem Terminal warten (Fahrzeit etwa 20 Min.). Die billigere Alternative sind die zuverlässig fahrenden **Busse**. Linie 60 fährt von 6.30 bis 21 Uhr alle 30 Minuten und von da an im Stundentakt bis 2 Uhr. Die Fahrt dauert 30 Minuten und führt zum zentralen Busbahnhof neben dem Parque de San Telmo im Zentrum der Stadt.

Touristeninformation

Die Hauptinformation befindet sich in der Calle León y Castillo 17 in der Nähe vom Busbahnhof (Mo–Fr 8–15 Uhr, Tel. 928 219 600, www.grancanaria.com).

Auch im Flughafen am Gate A in der Ankunftshalle befindet sich eine Information. Sie können sich hier nach Übernachtungsmöglichkeiten erkundigen.

Weitere Informationsstände finden Sie an der Plaza de Hurtado Mendoza (Mo–Fr 10–19.30, Sa 10–15 Uhr), in der Avenida José Mesay López (Mo–Fr 10–15.30 Uhr), am Paseo de las Canteras (Mo bis Fr 10–19.30, Sa 10–15 Uhr), am Parque de San Telmo (Mo bis Fr 10–19.30, Sa 10–15 Uhr). Auf der spanischsprachigen Internetseite www.promocionlaspalmas.com findet man alles Wissenswerte über die Stadt und die berühmten Karnevalsfeste.

Unterwegs in Las Palmas

Stadtbusse

Wer nur einen Tag auf der Insel ist, nimmt die nützliche Buslinie 1, die zwischen der Altstadt (Parque de San Telmo) und dem Hafen (Parque de Santa Catalina) verkehrt.

Der *Guagua turística* (Touristenbus) macht eine zweistündige Rundfahrt durch die Stadt, seine Fahrt beginnt und endet am Parque de Santa Catalina (www.guaguas.com/turistica.htm). Die Fahrkarten kosten 8 Euro und sind ganztägig gültig, d.h., man kann beliebig ein- und aussteigen. Wer will, kann auch vor dem zentralen Busbahnhof am Parque de San Telmo einsteigen.

Taxis

Bei Stadtfahrten wird das Taxameter eingeschaltet. Die Fahrpreise sind vergleichbar mit denen auf Fuerteventura (► 37).

Günstigster Besuchszeitpunkt

Den Montag sollte man meiden, da an diesem Tag verschiedene Sehenswürdigkeiten geschlossen haben. Ähnliches gilt für den Sonntag, wenn der Markt und viele Geschäfte zu sind. Wer jedoch die Volkstänze im Pueblo Canario (► 127 und unten) sehen will, muss am Sonntag kommen.

Der Karneval (Februar) eignet sich perfekt für einen Besuch in Las Palmas, da die hiesige Bevölkerung um einiges ausgelassener als die Nachbarn auf Fuerteventura feiern. Planen Sie Ihren Ausflug mit Übernachtung für einen der Tage, an denen ein Umzug stattfindet, denn die eigentliche Fiesta fängt erst an, wenn es Zeit für den Rückflug ist. Flüge, Schiffe und Unterkunft müssen im Karneval weit im Voraus gebucht werden.

Öffnungszeiten

Viele Geschäfte schließen über Mittag von 13.30 bis 16.30 Uhr, nur Einkaufszentren sind ganztägig geöffnet.

Erste Orientierung

Las Palmas gibt sich kosmopolitisch, die Einheimischen gehen ihren Geschäften nach, während sich die Besucher in den zahlreichen Läden und Restaurants und bei kulturellen Veranstaltungen vergnügen. Hier erlebt man den Kontrast zur wilden, einsamen Landschaft von Fuerteventura am stärksten. Egal, ob man nun mit dem Flugzeug oder Schiff ankommt, der *Guagua turística* (Touristenbus) bringt den Interessierten zu allen wichtigen Sehenswürdigkeiten dieser spannenden Stadt.

Las Palmas erstreckt sich wie ein langer dünner Salamander an der Nordostspitze der Insel entlang. Die Form der Stadt lässt sie größer erscheinen, als sie eigentlich ist. Vom Parque de Santa Catalina zum Parque de San Telmo sind es gerade einmal 3,5 km!

Das älteste Stadtviertel Vegueta beginnt rund 800 m südlich des Parque de San Telmo: Kopfsteinpflaster, schattige Plätze und Häuser im Kolonialstil sind typisch für das Viertel, das von Juan Rejón, dem Eroberer der Insel, 1478 auf einer *vegueta* (Wiese) gegründet wurde. Zwischen Vegueta und dem Parque de San Telmo liegt Triana, eine hübsche Mischung von Häusern aus dem 16. bis 20. Jh. In den Einkaufsstraßen und Lokalen im Freien ist immer viel los.

Zwischen dem Parque de San Telmo und dem Parque de Santa Catalina liegt ein reines Wohnviertel, einzige Sehenswürdigkeit ist hier das Pueblo Canario. Santa Catalina ist das Herz der modernen Stadt und die Playa de las Canteras, einer der schönsten Stadtstrände der Welt, nur ein paar Schritte entfernt. Hinter dem größten Hafen Spaniens, dem Puerto de la Luz, sorgt ein Gebirgszug für eine malerische Stadtkulisse.

Die Kolonialarchitektur an der Plaza de Santa María und in Triana bezaubert jeden

★ Nicht verpassen!

Nach Lust und Laune!

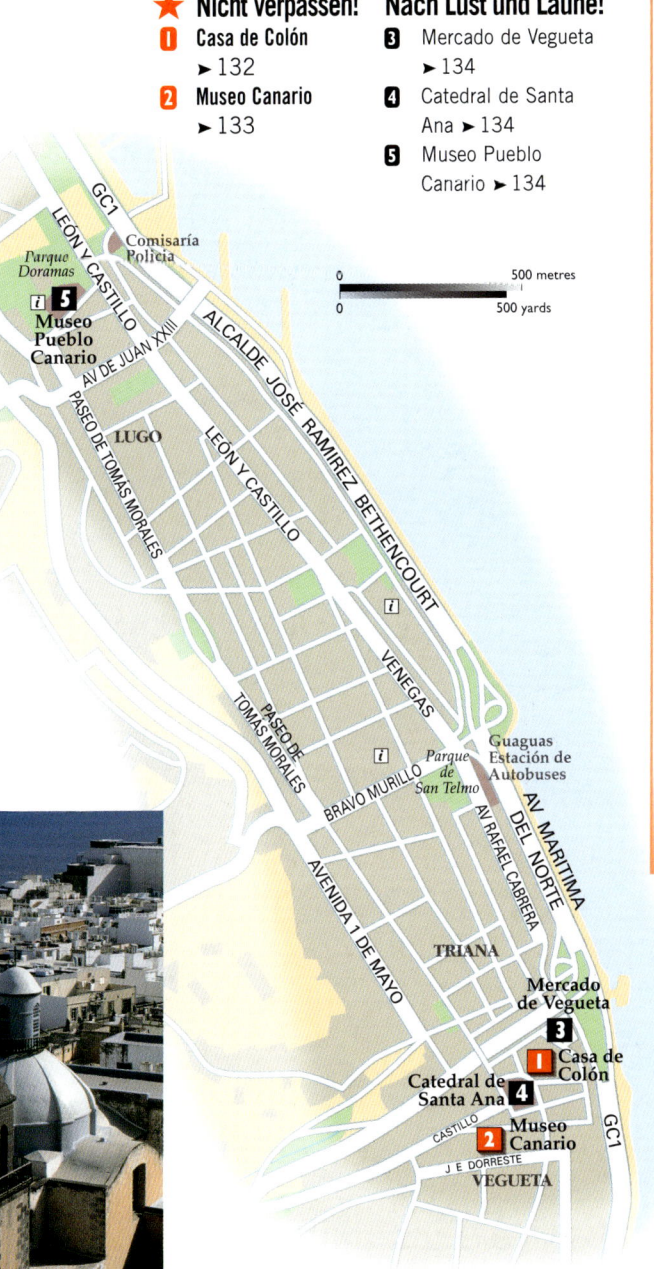

GC1

Comisaría
Policía

Parque
Doramas

LEÓN Y CASTILLO

ℹ ❺
Museo
Pueblo
Canario

AV DE JUAN XXIII

ALCALDE JOSÉ RAMÍREZ BETHENCOURT

0   500 metres
0   500 yards

LUGO

LEÓN Y CASTILLO

PASEO DE TOMÁS MORALES

ℹ

VENEGAS

PASEO DE TOMÁS MORALES

ℹ
Parque
de
San Telmo

BRAVO MURILLO

Guaguas
Estación de
Autobuses

AV MARÍTIMA DEL NORTE

AV RAFAEL CABRERA

AVENIDA 1 DE MAYO

TRIANA

Mercado
de Vegueta
❸

Casa de
Colón ❶

Catedral de
Santa Ana ❹

CASTILLO

❷ Museo
Canario

J E DORRESTE

VEGUETA

GC1

❶ Casa de Colón

Es gibt keinen Beweis, dass Christoph Kolumbus – oder spanisch Cristóbal Colón – je in diesem herrlichen alten Haus gewohnt hat. Gesichert ist aber wohl, dass er in Las Palmas einen Zwischenstopp einlegte, bevor er 1492 in See stach und die Neue Welt entdeckte. Dass er in der Stadt Quartier nahm, liegt somit zumindest nahe.

Die Casa de Colón war ursprünglich die Residenz des Insel-statthalters und eines der ersten Gebäude von Las Palmas, das nach der Eroberung durch die Spanier 1478 fertig gestellt wurde. Es ist ein hervorragendes Beispiel traditioneller kanarischer Kolonialarchitektur und zeigt die dafür typischen gemeißelten Steinportale, die dunklen Holzbalkone und reich verzierten Fassaden. Heute ist das Haus ein Museum, das sich den Eroberer und seine Seereisen zum Thema gewählt hat.

Die berühmten Steinportale der Casa de Colón

Im Erdgeschoss befinden sich die interessantesten Exponate – Seekarten, Navigationsinstrumente und Modellboote, außerdem eine Rekonstruktion von Kolumbus' Schiffskabine an Bord der *Santa María*, das Logbuch seiner ersten Reise in die Neue Welt und die Siegel des Vertrags von Tordesillas (1494). Dieser päpstliche Vertrag mit den spanischen und portugiesischen Königen regelte die Aufteilung der Welt in eine spanische und eine portugiesische Einflusssphäre.

Sehenswert ist auch eine Weltkarte von 1500, die ein Kartograf fertigte, der Kolumbus auf seinen Fahrten begleitete. Das Einzige, was fehlt, sind private Gegenstände von Christoph Kolumbus.

✚ 169 C1 ✉ Calle Colón 1 ☎ 928 312 373, www.grancanariacultura.com (Spanisch) 🕐 Mo–Fr 9–19, Sa/So 9–15 Uhr 🎫 frei

2 Museo Canario

Das Museum beherbergt die umfassendste Sammlung der gesamten Kanaren zur Kultur und zum Leben der Guanchen, der Ureinwohner des Archipels. Für die Besichtigung sollten Sie etwa eine Stunde einkalkulieren.

Die ersten drei Räume beschäftigen sich mit den Behausungen sowie dem Ackerbau und der Wirtschaft der Guanchen. Wer wenig Zeit hat, geht gleich zum vierten Saal weiter, der die Religion und das Brauchtum behandelt. Ausgestellt sind die originalen Fruchtbarkeitsfiguren, die man als Reproduktionen schon mehrfach in den Geschäften von Fuerteventura gesehen hat. Am bekanntesten ist das **Idol von Tara**, das vermutlich die Erdgöttin symbolisiert.

Präsentiert wird ferner ein Nachbau der bekanntesten bislang entdeckten Guanchen-Behausung: der **Cueva Pintada** (bemalte Höhle) von Gáldar auf Gran Canaria. Sehenswert ist auch eine große Kollektion von *pintaderas*. Diese Holzsiegel sieht man ebenfalls – nachgemacht – in vielen Geschäften.

Am interessantesten sind die Räume 6 bis 9, die sich dem Tod und der Mumifizierungspraktik der Guanchen widmen. Die kanarischen Ureinwohner übernahmen diesen Brauch vermutlich von den Ägyptern. Einige der Mumien sind über 1,80 m groß – ein Beleg dafür, dass wohl viele Guanchen hoch gewachsene Menschen waren. An einigen ausgestellten Schädeln wurde eine Trepanation vorgenommen, d.h. eine Kopfbohrung am lebendigen Menschen vollzogen. Sie diente möglicherweise dem Zweck, spirituelle Erleuchtung zu erfahren, doch kursieren auch andere mystische Erklärungen für diese Praktik.

Alle Tafeln sind ausschließlich in Spanisch verfasst, doch können Sie einen Kurzführer mit deutschen und englischen Übersetzungen kaufen.

Eine Fruchtbarkeitsfigur (oben) aus dem Museo Canario (unten)

🏛 169 C1 ✉ Calle Dr. Verneau 2
☎ 928 336 800,
www.elmuseocanario.com 🕐 Mo–Fr
10–20, Sa/So 10–14 Uhr 👋 mittel

Nach Lust und Laune!

räumig und beherbergt die Grabmale der Bischöfe. Um den Turm zu erklimmen, benötigt man eine separate Eintrittskarte.

✠ 169 C1 ✉ Plaza de Santa Ana (Eingang Calle Espíritu Santo) ☎ 928 313 600 🕐 Während der Messe (tägl. 8–10 Uhr) freier Eintritt; sonst kauft man eine Eintrittskarte im Museo Diocesano nebenan, Mo–Fr 10 bis16, Fr/Sa 10–13 Uhr 💰 preiswert

5 Museo Pueblo Canario

Das »Dorf« mit den traditionellen Gebäuden verschiedener kanarischer Inseln wirkt auf manchen Besucher wie fauler Touristenzauber, wurde aber mit dem Ziel entworfen, die kanarische Kultur vor dem drohenden Massentourismus zu bewahren. Die Volkstänze sind hervorragend, werden aber nur am Sonntag um 11.30 Uhr aufgeführt. Zur Anlage gehören auch Geschäfte, ein Café, ein Restaurant und das Museo Néstor. Letzgenanntes ist dem spanischen Jugendstilkünstler und »Vater« des Dorfes gewidmet.

✠ 169 B3 ✉ Parque Doramas ☎ 928 242 985, Museum 928 245 135, www.museonestor.com 🕐 Di–Sa 10 bis 20, So 10.30–14.30 Uhr; Museum Sa geschlossen 💰 frei; Museum preiswert

3 Mercado de Vegueta

Den ältesten, buntesten und größten Markt der Stadt (seit 1854) besuchen die Einheimischen, um hier ihre Lebensmittel zu kaufen. Rund um den Markt stehen einladende Tapas-Bars und Churrerías, in denen man sich seine *churros* kauft. Das längliche Brandteiggebäck wird in heiße Schokolade getaucht gegessen.

✠ 169 C1 ✉ Plaza del Mercado/Calle Mendizábal 🕐 Mo–Do 6–14, Fr–Sa 6–15 Uhr

4 Catedral de Santa Ana

Die größte Kirche der Kanaren beherrscht die Skyline von Vegueta. Die Arbeiten begannen 1497, doch erst 400 Jahren später war der Bau vollendet. Die lange Bauzeit erklärt den Stilmix aus Gotik, Renaissance, Barock und Neo-Klassizismus. Im Kirchhof stehen schattige Orangenbäume. Der Kreuzgang wurde im 16. Jh. erbaut und lässt an zwei Seiten Holzgalerien erkennen. Eine Treppe führt ins Kapitelhaus mit einem auf den Kanaren einzigartigen gefliesten Boden. Der Kirchenraum selbst ist lichtdurchflutet und ge-

Leben im Park

Der Parque de San Telmo ist der schönste Stadtpark von Las Palmas. Hier stehen u.a. ein Musikpavillon und ein viel fotografiertes Jugendstil-Café in einem mit Keramikkacheln verzierten Pavillon. Der Parque de Santa Catalina bildet mit seinen Cafés, Kiosken, Geschäften und dem Museo Elder den Mittelpunkt der Stadt. Urlauber mischen sich hier unter die Matrosen, Schuhputzer und afrikanischen Händler, während alte Männer unter Palmen Domino und Schach spielen.

Wohin zum …
Essen und Trinken?

Preise
Die Preise gelten pro Person für ein Drei-Gänge-Menü ohne Getränke und Service:
€ unter 15 Euro €€ 15–25 Euro €€€ über 25 Euro

Die Mehrzahl der Restaurants ist ganzjährig geöffnet, einige haben im August wegen des Jahresurlaubs geschlossen.

Café Santa Catalina €
In diesem netten Café mit einer schattigen Terrasse unter Palmen treffen sich die Einheimischen, um Schach oder Domino zu spielen. Die Speisekarte besteht mittags hauptsächlich aus Pizza und Pasta. Leckeres Eis, Kaffee und Kuchen gibt es aber immer.
🚉 169 A5
🖂 Parque Santa Catalina
🕐 tägl. 10–1 Uhr

Casa Carmelo €€–€€€
Dieses traditionelle Restaurant ist für die hohe Qualität gegrillten Fleisches, besonders der Steaks, und seine Saucen bekannt. Es ist bei Besuchern beliebt, die auch wegen der großartigen Aussicht über den Strand kommen.
🚉 169 A5 🖂 Paseo de las Canteras, 2 ☎ 928 469 056
🕐 tägl. 13.30–16.30, 19.30–23.30 Uhr

Casa Montesdeoca €€€
Nicht weit von der Casa Colón befindet sich das eleganteste Restaurant der Stadt in einem Anwesen aus dem 16. Jh. Hier kann man sowohl kurz etwas trinken als auch einen Tisch im Patio unter Palmen für den Abend reservieren. Die Küche mit ihren kanarischen und spanischen Gerichten (vor allem Fisch) ist vom Feinsten.
🚉 169 C1 🖂 Calle Montesdeoca 10
☎ 928 333 466 🕐 Mo–Sa 13–16, 20–23.30 Uhr

Don Quijote II €€
Erholen Sie sich hier nach Ihrem Einkaufsbummel bei *carne a la piedra*: Ihr Steak, Hühnchen oder Schweinefleisch wird vor Ihren Augen auf einem heißen Stein zubereitet. Als Beilagen serviert man Ihnen Pommes frites, eine Riesenschüssel Salat und diverse Soßen.
🚉 169 A4 🖂 Calle Secretario Artiles 74 ☎ 928 272 786
🕐 tägl. 13–16, 20–24 Uhr

Hipócrates €€
Die Köche des Restaurants in einem Stadthaus gegenüber der Casa de Colón kochen garantiert fleischlos und organisch. Die Salate sind ein Kunstwerk und mit tropischen Früchten garniert, die auch in den Nachspeisen eine wichtige Rolle spielen. Auch die Auswahl an Kräutertees und frischem Obstsaft ist gut.
🚉 169 C1 🖂 Calle Colón 4
☎ 928 311 171 🕐 Mo 20.30–24, Di–Sa 13–16, 20.30–24, So 13–16 Uhr

Hotel Madrid €
Vor dem historischen Hotel an einem der hübschesten Plätze der Stadt kann man im Freien etwas trinken, Tapas probieren oder eines der günstigen Menüs wählen.
🚉 169 C1 🖂 Plaza de Cairasco 4
☎ 928 360 664 🕐 tägl. 10–1 Uhr

O'Sole Mio €–€€
In der Pizzeria, die an einem der schönsten Plätze von Triana liegt, geht es immer hoch her. Die Pizzen werden im Holzofen zubereitet. Wagen Sie sich an so ungewöhnliche Beläge wie die der Afrikanischen Pizza mit exotischen Früchten. Alternativ stehen auch Steak, Fisch und Pasta auf der Karte.
🚉 169 C1 🖂 Plaza de Cairasco 3
☎ 928 383 746
🕐 tägl. 13–16, 20–23 Uhr

Wohin zum... Einkaufen

Die meisten Geschäfte haben von Montag bis Samstag von 10 bis 20 Uhr geöffnet, einige schließen über Mittag von etwa 13.30 bis 16.30 Uhr. Die Kaufhäuser sind von 10 bis 22 Uhr geöffnet.

Avenida Mesa y López

Fünf Gehminuten sind es vom Südende des Parque de Santa Catalina zur Haupteinkaufsstraße mit zwei Zweigstellen der großen spanischen Kaufhauskette **Corte Inglés**. Das Hauptgeschäft bietet auf vier Etagen Mode, der Club del Gourmet offeriert kanarische und spanische Lebensmittel und Weine. Das Café im obersten Stockwerk eignet sich gut für eine Pause. Die zweite Niederlassung hat sich auf Bücher, Musik, Elektroartikel, Haushaltswaren und Andenken spezialisiert. Auch hier befindet sich ganz oben ein Restaurant mit kanarischer Küche. Boutiquen und Modegeschäfte mit internationalen und spanischen Markennamen säumen den weiteren Verlauf der Avenida.

Triana

Wer seinen Einkaufsbummel mit der Besichtigung diverser Sehenswürdigkeiten verbinden möchte, geht in die Calle Mayor La Triana im Herzen der Altstadt. In der einstigen Haupteinkaufsstraße stehen einige architektonisch wunderschöne Geschäfte im spanischen Jugendstil. Große Markennamen finden sich hier nur wenige, doch sorgen die künstlerisch angehauchten, schnörkeligen Läden in den Seitenstraßen für viel Flair: **Ezquerra** (Calle Travieso) verkauft Hüte, Mantillas und kanarische Wüstenstiefel, das unter staatlicher Leitung stehende **Fedac** (Calle Domingo J. Navarro) verschiedenstes Kunsthandwerk und die **Casa Ricardo** (Ecke Calle Mayor, Calle Losero) Süßigkeiten, von denen man als Kind immer geträumt hat. Das **Atarecos** (Calle Peregrina) bietet kanarisches Kunsthandwerk und Kleidung aus Lateinamerika an. In der Calle Peregrina werden Liebhaber von Antiquitäten fündig. In der Calle Mayor befindet sich eine Zweigstelle von **Natura Selection** mit Kunst und Kitsch aus der ganzen Welt.

Am besten kommt man ab 18 Uhr zum abendlichen *paseo* (Spaziergang) her, dann drängen sich Einheimische und Touristen durch die Straßen, und Straßenkünstler unterhalten das Volk.

Parque de Santa Catalina

Die Gegend um den Park verströmt mit ihren unzähligen asiatischen Läden den Flair eines orientalischen Basars: angeboten werden billige Kameras, Uhren, Elektroartikel, Zigarren und Kleidung. Die wichtigsten Straßen sind die Calle de Tomás Miller, die Calle Luis Morote und die Calle Alfredo I. Jones. Feilschen gehört dazu! Die Preise sind kaum anders als auf Fuerteventura, doch ist das Angebot größer.

Märkte

Lebensmittel aller Art findet man auf dem **Mercado de Vegueta** (▶ 134). Wer am Sonntagmorgen da ist, sollte den quirligen **Rastro** (Flohmarkt) am Parque de Santa Catalina besuchen, auf dem viele afrikanische Händler ihre bunten Waren anbieten. Der **Mercado de las Flores** an der Plaza de Santo Domingo (südlich vom Museo Canario) verkauft Kunsthandwerk und natürlich Blumen.

Einkaufszentren

Das größte Einkaufszentrum der Stadt ist **Las Arenas** am westlichen Ende der Playa Las Canteras und nicht weit entfernt von einer Haltestelle des *Guagua*-Touristenbusses.

Pueblo Canario

In angenehm entspanntem Ambiente (▶ 134) kann man hier hochwertige Andenken, kanarisches Kunsthandwerk, Keramik, Bücher und Musik kaufen.

Wanderungen & Touren

1 Isla de Lobos
Wanderung

Sie werden sich hier wie ein Abenteurer auf einer einsamen Insel fühlen. Lobos ist Fuerteventura im Kleinen mit Minivulkanen, kleinen Lagunen samt wunderschönem Strand, einem kleinen Fischerdorf, einem malerischen Leuchtturm und herrlichen Gipfelausblicken, die denen auf Fuerteventura in nichts nachstehen. Wenn Sie einigermaßen fit sind und das richtige Schuhwerk dabeihaben (zumindest feste Turnschuhe), spricht nichts gegen eine Bergbesteigung. Am schönsten ist die Wanderung an einem klaren Tag! Weitere Informationen über die Insel ▶ 51f.

Tipp

Die Isla do Lobos ist selten überlaufen. Wenn Sie an Land gegangen sind, lassen Sie einfach alle anderen losmarschieren – dann haben Sie die Insel ganz für sich – oder zumindestens das Gefühl.

LÄNGE: 10 km **DAUER:** 2½–3 Stunden
START/ZIEL: El Muelle (Hafen) ✚ 163 E5

Anreise zum Ausgangspunkt

Von Corralejo fahren täglich drei Schiffe zur Insel hinüber. Wenn Sie auf der Insel sowohl etwas essen als auch am Strand liegen wollen, dann nehmen Sie die Verbindung, die Ihnen am meisten Zeit lässt. (Näheres ▶ 52)

1–2

Wenn Sie das Schiff bei **El Muelle** verlassen, halten Sie sich rechts und folgen der Beschilderung »El Puertito 7 mins« und »Las Lagunitas 18 mins«. El Puertito (der kleine Hafen) ist sicher das baufälligste Fischerdorf, das Sie je gesehen haben, und besteht lediglich aus ein paar Holzhäusern und Bruchbuden aus Stein. Gehen Sie kurz durch das Dorf und nehmen Sie dann den rechten Abzweig zum Meer. Die Wege

Nach der Wanderung um die Isla de Lobos sollten Sie sich entspannen

Punta Martiño

3 🔺 **Faro de Lobos**

sind hier etwas verwirrend – und dazu bei Regen auch noch aufgeweicht und schlammig –, aber Sie kommen bald wieder auf einen richtigen Pfad. Von einem kleinen Berg aus haben Sie einen schönen Blick auf Lanzarote. Linker Hand liegen die **Lagunitas**, sandige Salzmarschen, an denen Zugvögel Rast machen. Dahinter erreichen Sie wieder den ausgeschilderten Weg.

2–3

Am Ende der Salzebene macht der Pfad eine Biegung nach rechts Richtung Meer, aber das ist nur ein kleiner Umweg. Beachten Sie ihn nicht, sondern erklimmen Sie einfach geradeaus links einen Hang, wo eine weiße Informationstafel zu Flora und Fauna von Las Lagunitas aufgestellt wurde. Wenn Sie nun über die Insel schauen, sehen Sie im Hintergrund die Dünen von Corralejo. Ein breiter Sandweg führt von hier zum **Faro de los Lobos** (Leuchtturm); in 25 bis 30 Minuten sind Sie dort.

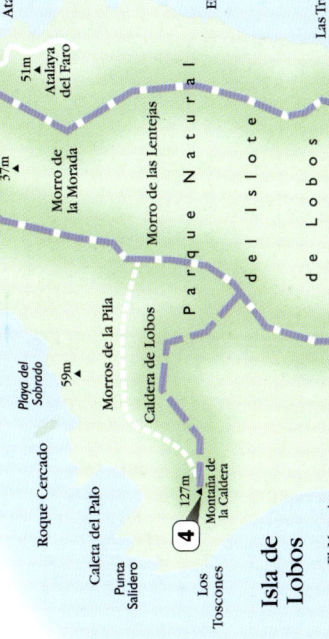

Map: Isla de Lobos – Parque Natural del Islote de Lobos

la Perra
Atalaya del Faro

Playa de la Arena

El Gigante

51m
Atalaya del Faro

Colorado
37m

Morro de la Morada

Morro de las Lentejas

Las Tres Hermanas

P a r q u e   N a t u r a l

d e l   I s l o t e

d e   L o b o s

Las Lagunitas

2

Punta Mantequilla

▲32m

Roques del Puertito

El Roque

EL PUERTITO

Playa del Sobrado
59m

Morros de la Pila

Caldera de Lobos

Playa de la Calera

El Muelle

1

Roque Cercado

Caleta del Palo

Punta Salidero

127m

4

Montaña de la Caldera

Los Toscones

Isla de Lobos

El Marrajo

Playa de la Coleta

Corralejo

Punta del Marrajo

Vogelwelt

Isla de Lobos ist ein Vogelschutzgebiet. Halten Sie nach einer *Pardela Cenicienta* Ausschau, der große Gelbschnabelsturmtaucher fliegt langsam und elegant dahin.

Kurz bevor Sie den Leuchtturm von Punta Martiño erreichen – er ist der nördlichste Punkt der Insel –, kommen Sie an einigen braunen, 3–8 m hohen Erhebungen vorbei. Es handelt sich um so genannte *hornitos*, kleine »Minivulkane«, die durch eine phreatische Explosion (Dampfsprengungseruption) entstanden sind. Dabei tritt unter hohem Druck stehendes überhitztes Grundwasser explosionsartig an die Oberfläche. Die *hornitos* entstanden vor etwa 8000 Jahren; am schönsten sieht man sie vom Leuchtturm aus. In der Ferne erblicken Sie Lanzarote sowie den Ferienort Playa Blanca. Die berühmten Papagayo-Strände werden von den Montañas del Fuego (▶ 114f) überragt. Der weiße Häuserblock rechts davon ist die Stadt Puerto del Carmen.

Setzen Sie Ihren Spaziergang nun auf dem Fußweg fort.

3–4

Gut 15 Minuten geht es nun weiter auf dem sandigen Weg. Rechts ragt die **Montaña de la Caldera** auf; widerstehen Sie jedoch der Versuchung, gleich den ersten Abzweig rechts zu

nehmen, der zur Caleta del Palo (▶ 141) führt. Nehmen Sie erst den nächsten Weg rechter Hand – auf dem Schild steht »Faro 20 mins, Muelle 19 mins«. Nach 10 m sehen Sie schon das nächste Schild »Montaña de la Caldera 27 mins«. Die Zeitangabe bezieht sich auf den 127 m hohen Gipfel. Die Stufen enden nach zwei Dritteln der Strecke, danach wird es steiler. Doch die Mühe lohnt sich: Der beeindruckende Rundblick reicht von der Isla de Lobos bis nach Lanzarote und Fuerteventura.

Top-Tipps
Nehmen Sie sich einen Sonnenschutz, eine Kopfbedeckung und viel Wasser mit. Im Inselrestaurant bekommt man zwar Wasser, doch wer sein Mittagessen nicht im Voraus gebucht hat, muss sich mit einem einfachen Thunfisch-Baguette zufrieden geben. Es ist ausschließlich für Restaurantgäste reserviert. Falls es morgens sehr windig ist, sollten Sie besser auf den Ausflug zur Insel verzichten.

Es lohnt sich, mit dem ersten Boot nach Lobos überzusetzen

Die Ausflugsschiffe und Katamarane, die in der Bucht (➤ unten) vor Anker liegen, geben ein schönes Bild ab. Auf der anderen Seite erstreckt sich der halbrunde, steinige Strand von Caleta de Palo innerhalb eines Kraters. Sie können gefahrlos ein Stück am Grat entlang spazieren, um einen Blick auf das darunter liegende Corralejo zu werfen – aber Vorsicht bei plötzlich auftretenden Windböen!

4-1
Steigen Sie nun wieder bergab und kehren Sie zum Hauptfußweg zurück. Biegen Sie rechts

ab, dann erreichen Sie schon nach fünf Minuten den schönen weißen Sandstrand Playa de la Caleta (Er ist auch unter dem Namen Playa la Concha bekannt). Da hier das Meer ganz ruhig ist und der sandige Meeresboden nur sanft abfällt, ist der Strand ein idealer Aufenthaltsort für Familien mit Kindern.
Von hier sind es nur noch 3 Minuten bis zum Hafen.

Kleine Pause
Wer vorhat, im Restaurant auf der Insel zu essen, sollte sofort nach der Ankunft einen Tisch reservieren. Morgens ist das Lokal geschlossen, doch die Leute, die im Hafen das Essen entladen, haben ein Reservierungsbuch, in das Sie Ihren Namen eintragen können. Wer den Inselrundgang ohne Zeitdruck unternimmt, kommt erst gegen 14 Uhr zum Restaurant zurück, wer noch den Strand genießt, sogar noch später. Erkundigen Sie sich deshalb vorsichtshalber nach den genauen Essenszeiten. Eine Speisenkarte gibt es nicht, in der Regel stehen Paella oder Fisch zur Auswahl.

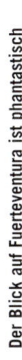

Der Blick auf Fuerteventura ist phantastisch

CORRALEJO

LÄNGE: 5 km (9 km bei Weiterfahrt bis Corralejo) **DAUER:** 2–2¹/₂ Stunden
START/ZIEL: Nördlich von Lajares  163 D4

2 Sendero de Bayuyo

Wanderung

Der Sendero de Bayuyo ist der einzige ausgeschilderte Wanderweg auf Fuerteventura. Unterwegs kommen Sie an dramatischen Vulkanformationen vorbei und können sich einen Eindruck davon machen, wie schwer es hier die Hirten mit ihren Ziegenherden haben. Immer wieder begeistert der weite Blick über den Norden der Insel aufs Meer.

Um den Ausgangspunkt der Wanderung zu finden, nehmen Sie die FV109 von Corralejo nach Lajares. Kurz vor Lajares (gegenüber vom Witchcraft Surf Shop) sehen Sie rechts einen rotbraunen Vulkan mit zwei Senken, die an große Augen erinnern – dort wollen Sie hin! Fahren Sie weitere 500 m zum Fußballplatz und biegen Sie davor rechts ab. Nach einem weiteren Kilometer vorbei am Schild zur Zoo Safari Calderón Hondo (geschlossen) parken Sie hinter dem letzten Haus rechts an der Straße. Der Pfad aus schwarzem Vulkangestein ist unübersehbar.

1–2

Folgen Sie also der schwarzen Steinstraße. Die 240 m hohe Montaña Colorada, die Sie von der Hauptstraße aus gesehen haben, liegt immer linker Hand. Wenn Sie sich umdrehen, fällt Ihr Blick auf die kleinen weißen Häuser von Lajares. Der Pfad verschwindet kurz, halten Sie sich links und Sie werden gleich wieder auf ihn stoßen. Rechter Hand erstreckt sich das *malpaís* – das »schlechte Land«, das man nicht betreten sollte. Die Landschaft entstand vor 8000 Jahren, die grau-grünen Flechten, die Sie sehen, sind ein wichtiger Anzeiger für Luftverschmutzung: Die Pilzart gedeiht nämlich ausschließlich in sauberer Luft.

Nach etwa 20 Minuten fällt die **Montaña Colorada** zu einem Sattel hin ab. Beim Vorbeigehen sehen Sie einen dreieckigen Sockel mit einem »Eingang« aus zwei aufgestellten Steinen. Gehen Sie

durch diesen hin-
durch und erklimmen
Sie einen kleinen Hügel:
6 km nordöstlich sehen Sie
die schneeweißen Dünen von
Corralejo (▶ 48ff).

2-3

Nach etwa 30 Minuten passieren Sie eine niedrige Steinmauer. Gen Norden zeichnet sich am Horizont Lanzarote mit Playa Blanca und den Bergen ab. Nach weiteren fünf bis zehn Minuten gabelt sich der Weg. Nehmen Sie den linken und ignorieren Sie die beiden schmaleren Abzweige rechts. Nach weiteren drei bis vier Mi̇nuten steilen Aufstiegs errei-chen Sie eine Plattform (278 m). Von hier ge-nießen Sie nicht nur ein herrliches Panorama, sondern können auch in den erloschenen runden Krater des Vulkans hineinschauen.

Links sehen Sie einen spektakulären
Schlot, der zeigt, wo der Vulkan eingestürzt ist. Unten im Krater wachsen Feigenkakteen, am Kraterrand grasen oft Ziegen. Wenn Sie wollen, dann können Sie einen Teil der Krater-öffnung umrunden; ganz herumzugehen ist je-doch nicht ratsam.

Das Panorama reicht vom kleinen Fischer-dorf Majanicho im Westen (▶ 144) bis zum

Unterwegs sieht man die traditionellen Windmühlen (▶ 142) und hin und wieder auch einige Ziegen

Der günstigste Zeitpunkt

Auch wenn die Landschaft weite Teile des Jahres über karg und trocken ist, präsentiert sie sich den-noch im Frühling erstaunlich grün. Legen Sie Ihre Wande-ung in die Nachmittagsstunden, dann leuchten die Vulkane im rotgoldenen Licht der Abendsonne!

Montaña San Rafael

271m
▲ Volcan de
Bayuyo

248m   Las Calderas

255m
▲ Caldera
Encantada

235m ▲

233m
Caldera de
Rebanada

M a l p a í s   d e   B a y u y o

162m
▲ Calderón
278m   Hondo

240m
Montaña
Colorada

▲ Majanicho

LAJARES

FV10

FV109

Bei der Wanderung fällt der Blick auf den Krater der Montaña Colorada und die weiß getünchten Häuser von Majanicho (unten)

im Dunst liegenden Puerto del Carmen auf Lanzarote (rechts). In halber Entfernung ragt östlich davon der 271 m hohe Vulkan Bayuyo auf.

3–4

Folgen Sie nun dem Weg bergab und nehmen Sie die zweite Gabelung links von der Hirtenhütte, die Sie vom **Calderón Hondo** aus gesehen haben.

Werfen Sie ruhig einen Blick in die primitive Hütte – sie ist hier als Anschauungsobjekt für die Wanderer errichtet worden. Die mit Stroh gedeckte Dachkonstruktion aus Lehm ruht auf Mauern aus Vulkangestein. Das kleine konische Gebilde zeigt einen einfachen Ofen, wie ihn die Hirten früher verwendeten. Auch die Koppel besteht aus Vulkangeröll.

4–1

Sie können nun entweder den gleichen Weg zurückgehen oder Ihre Wanderung noch etwas ausdehnen und die Vulkane erkunden. Orientieren Sie sich richtungsmäßig am Bayuyo, dann stehen Sie in einer Stunde an seinem Fuß. Den Gipfel mit herrlicher Aussicht erreichen Sie in rund 30 Minuten, von dort sollten Sie eine weitere Stunde bis **Corralejo** kalkulieren.

Kleine Pause

Denken Sie angesichts der Temperaturen und des fehlenden Schattens an ausreichend Wasser. In Lajares (▶ 60f) gibt es verschiedene gute Lokale zum Mittagessen; im Witchcraft Surf Shop können Sie Getränke, Baguettes und Kuchen kaufen.

3 Höhepunkte im Norden und im Zentrum *Autofahrt*

Auf diesem Ausflug lernen Sie die schönsten Stellen im Norden und im Zentrum von Fuerteventura kennen. Im Norden sind die Straßen gerade und flott befahrbar. In der Inselmitte schlängeln sie sich dahin, entsprechend langsam geht es vorwärts.

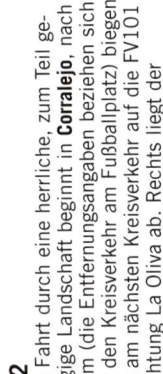

LÄNGE: 151 km (mit Abkürzungsmöglichkeit) **DAUER:** ein ganzer Tag
START/ZIEL: Corralejo (Kreisverkehr am Fußballplatz) ✚ 163 E5

Entdecken Sie sehenswerte Ruinen, geschichtsträchtige Dörfer und herrliche Landschaften

1–2

Die Fahrt durch eine herrliche, zum Teil gebirgige Landschaft beginnt in **Corralejo**, nach 1 km (die Entfernungsangaben beziehen sich auf den Kreisverkehr am Fußballplatz) biegen Sie am nächsten Kreisverkehr auf die FV101 Richtung La Oliva ab. Rechts liegt der 271 m hohe **Volcán de Bayuyo** (▶ 33).

Nach 13 km durchqueren Sie **Villaverde**, eines der besterhaltenen Dörfer der Insel, (▶ 56) mit seinen beiden Windmühlen. Am Ortsende liegt das im inseltypischen Baustil errichtete **Hotel Rural Mahoh** (▶ 62) mit einer tadellos gepflegten Gartenanlage.

Kurz bevor Sie das Zentrum von **La Oliva** (▶ 53f) erreichen, sollten Sie einen Blick auf die verfallene Casa del Inglés werfen.

Über eine Einbahnstraße gelangen Sie in die Ortsmitte.

Wenn Sie am **Centro de Arte Canario** (▶ 53) vorbeifahren, liegt vor Ihnen der perfekt geformte Vulkankegel der Montaña del Frontón.

Der günstigste Zeitpunkt

Wer einige der Museen und Sehenswürdigkeiten entlang der Strecke besuchen will, sollte den Montag und den Samstag meiden, da dann vieles geschlossen hat. Vor allem das Ecomuseo de La Alcogida bei Tefía sowie die Casa de Santa María in Betancuria sollten Sie sich anschauen.

2–3

Fahren Sie auf der FV10 durch das Ortszentrum von La Oliva in Richtung Puerto del Rosario, dann sehen Sie nach 5 km rechter Hand den heiligen Berg **Tindaya** (▶ 57) aufragen. Nach weiteren 2 bis 3 km erhebt sich ebenfalls auf Ihrer rechten Seite

Kleine Pause

Wer spät losgefahren ist und mittags Lust auf einen Fisch hat, kann hinter Tefía rechts auf die FV221 abbiegen und die 11 km zum kleinen Hafen Los Molinos (▶ 75) fahren. Dort gibt es zwei gute Restaurants am Meer.

die 366 m hohe Montaña Quemada. Die davor stehende kleine Statue ist das 2,3 m hohe Denkmal von **Miguel de Unamuno** (▶ 76).

Kurz danach biegen Sie rechts auf die FV207 ab. Die Straße führt in ein weitgehend unbewohntes Tal mit wenigen Höfen entlang der Felder.

Nach etwa 7 km erreichen Sie das Dörfchen Tefía. Kurz vor dem Ortsausgang sehen Sie rechts eine viel fotografierte **Mühle** (▶ 73) und einige hundert Meter weiter links das **Ecomuseo de La Alcogida** (▶ 74) mit zwei Eseln und einem Kamel auf dem Feld an der Straße.

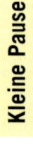

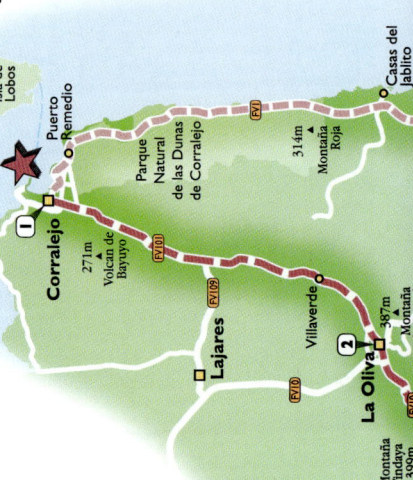

Halten Sie kurz beim Denkmal von Miguel de Unamuno

Variante für eine Halbtagestour

Wenn Sie nur den halben Tag unterwegs sein wollen und das Ecomuseo de La Alcogida auslassen möchten, fahren Sie von Tefía zurück nach Norden und biegen dann auf die FV10 ab, sie führt durch Tetir. 15 km hinter dem Ort biegen Sie nach links auf die Umgehungsstraße FV3 in Richtung Corralejo ab. Am Meer entlang sind es 35 km zurück nach Corralejo.

3–4

Fahren Sie 6 km weiter und biegen Sie dann rechts auf die FV30 Richtung Betancuria ab. Die Straße führt jetzt stetig bergauf. Der Weiler **Valle de Santa Inés** (➤ 68) mit seinem Kunsthandwerk und der Casa del Queso ist ein Vorgeschmack auf **Betancuria** (➤ 70). Wer vorhat,

Centro de Artesanía

Kleine Pause

In Betancuria (➤ 79) haben Sie die Wahl zwischen vielen Lokalen. Zu empfehlen ist der *Mirador Morrc de Veloso* mit einer guten Küche.

Puerto Lajas

PUERTO DEL ROSARIO

El Time

Llano Pelado

Monumento a Don Miguel de Unamuno

Tetir

Casillas del Angel

La Ampuyenta

■ Triquivijate

Tefía

Ecomuseo de La Alcogida

3

7

Centro de Artesanía Molino

6

Valle de Santa Inés

Los Molinos

666m ▲

Mirador de Morro Veloso

Antigua

Iglesia de Nuestra Señora de la Peña

708m Gran Montaña

Tiscamanita

Gran Tarajal

Betancuria

4

Centro de Interpretación de los Molinos

Ajuy

Ermita de Virgen de la Peña

Vega de Río Palmas

Embalse de las Peñitas

Pájara

5

Tuineje

5 km
3 miles

0

in der alten Hauptstadt Halt zu machen, findet dort ebenfalls Kunsthandwerksläden und eine Casa del Queso (Käseladen). Sie müssen also nicht unbedingt hier eine Pause machen. Nach weiteren 2 km biegen Sie rechts nach Betancuria ab; es geht nun steil bergauf. Hoch über sich sehen Sie ein Gebäude mit Panoramafenstern. Es ist der **Mirador de Morro Veloso.** Halten Sie an, um den herrlichen Blick nach Norden zu genießen. Falls er geschlossen ist, bietet sich die gleiche Sicht nebenan vom Straßenrand.

4–5

Die alte Hauptstadt **Betancuria** (▶ 70ff) wartet mit so vielen Sehenswürdigkeiten auf, dass Sie locker einen halben Tag dort verbringen können. Fahren Sie durch den Ort hindurch, hinter dem Zentrum erblicken Sie rechts unten die dachlose Ruine des Klosters San Buenaventura. Hinter Betancuria prägen Palmen und Metall-Windpumpen das Bild; einige stammen aus den 1930er-Jahren. Nach 5 km erreichen Sie die hübsche Kirche von Vega de Río Palmas.

Noch einem weiteren Kilometer können Sie von einer Straßenausbuchtung aus auf den Stausee Embalse de las Peñitas hinunterschauen. Bei Trockenheit sieht er wie ein

großes braunes Feld aus. Zu den bekanntesten Fotomotiven der Insel gehört die alte weiße Kapelle La Virgen de la Peña, die der Schutzheiligen der Insel geweiht ist. Die Straße schlängelt sich jetzt wieder bergauf, vorbei an Bergen, die wie geschmolzene Schokolade aussehen, und erreicht einen der Höhepunkte des Ausflugs: den Pass Degollada de los Granadillos. Genießen sie die herrliche Aussicht nach Osten und Westen!

Ein stilisiertes weiß getünchtes Portal markiert die Provinzgrenze und steht in auffallendem Kontrast zu der dunkelbraunen Berglandschaft.

Die Fahrt geht nun weiter auf der FV30 nach Pájara.

5–6

Nach den kargen Bergen der Provinz Betancuria wirkt **Pájara** (▶ 78) wie eine bunte Oase. Parken Sie bei der Kirche und schauen Sie sich das Portal an. Achten Sie bei der Weiterfahrt darauf, dass die Kirche links von Ihnen liegt. 9 km weiter biegen Sie bei Tuineje nach links auf die FV20 in Richtung Antigua und rechts auf FV20 in Richtung Antigua und Puerto del Rosario ab. Rund um die Stadt werden Tomaten unter Polyäthylenfolie gezüchtet. Wenn die Gemeindekirche offen ist, lohnt sich der Blick auf den Altar-

Die Kirche von Pájara ist für die interessanten Ornamente des Sandsteinportals berühmt

Umweg

Etwa 1 km nach der Kirche von Vega de Río Palmas weist – fälschlicherweise – ein weiteres Schild den Weg nach Vega de Río Palmas. Die hübsche Seitenstraße schlängelt sich meist parallel zur Hauptstraße durch Palmenhaine. Sie endet jedoch nach etwa 3 km in einer Sackgasse mit Blick auf den Embalse de las Peñitas (▶ oben).

aufsatz. Er zeigt die Schlacht von Tamasite (1740), bei der die Einheimischen einen Übergriff britischer Freibeuter abwehrten.

Tiscamanita liegt 4 km weiter nördlich, das **Centro de Interpretación de los Molinos** (▶ 78) befindet sich nördlich der Ortsmitte. Von hier führt eine gerade Straße nach Antigua, linker Hand verläuft ein Gebirgszug, er bildet das Rückgrat der Insel. Die Gran Montaña zählt mit 708 m zu den höchsten Gipfeln der Insel.

6–7

Halten Sie zuerst im Zentrum von **Antigua** an, um die Kirche (▶ 73) zu besichtigen, und fahren Sie anschließend weiter nach Norden zum **Centro de Atresanía Molino** (▶ 73) mit seiner 200 Jahre alten Windmühle (1–2 km). Der Garten und das große runde Restaurant (▶ 79) bieten sich für eine Pause an.

Nach weiteren 2–3 km erreichen Sie das kleine Städtchen La Ampuyenta mit der Casa-Museo Dr. Mena. Das Haus ist ein schönes Beispiel für ein

komfortables Herrschaftshaus aus dem 19. Jh. (Di–Fr 9.30–15, So 9.30–17.30 Uhr, preiswert). Die Dorfkirche Ermita de San Pedro de Alcántara lohnt ebenfalls einen Besuch.

7–1

Weiter geht die Fahrt auf der FV20 in Richtung Puerto del Rosario nach Casillas del Ángel. Dort befindet sich in der Iglesia de Santa Ana eine Holzfigur der hl. Anna aus dem 18. Jahrhundert.

Nach weitere 5 km biegen Sie links bei Llano Pelado auf die FV225 ab, eine weitere Linksabbiegung folgt nach 2–3 km und führt nach Tetir. Kehren Sie in einem der Cafés des netten Dorfes ein, bevor Sie schließlich auf der FV10 durch La Oliva zurück nach Corralejo fahren.

Kürzerer Heimweg

Nördlich von La Ampuyenta besteht die Möglichkeit, über Tefía nach Corralejo zurückzufahren. Wer sich dafür entscheidet, biegt links auf die FV30 in Richtung Valle de Santa Inés ab und folgt dann rechts der FV207 nach Tefía.

Lernen Sie unterwegs etwas über die Windenergie des Insel: ein Besuch im Centro de Interpretación de los Molinos lohnt sich

4 Von Küste zu Küste

Wanderung

Die einfache Wanderung führt an der schmalsten Stelle Fuerteventuras quer über die Landenge La Pared. Nur 3 km sind es von den gepflegten Hotels und Einkaufszentren der Costa Calma zur windgepeitschten Barlovento-Küste. Wer also keinen Jeep mieten möchte, hat so die einmalige Möglichkeit, trotzdem die wilden Strände des Westens kennen zu lernen.

LÄNGE: 10 km **DAUER:** etwa 3 Stunden
START/ZIEL: Centro Comercial El Palmeral, Costa Calma 164 B2

1–2

Der Ausgangspunkt der Wanderung befindet sich rund 500 m hinter dem **Einkaufszentrum El Palmeral**. Sie erreichen ihn zu Fuß über die Straße, die rechts vom Einkaufszentrum unmittelbar am Bekleidungsgeschäft Hodge Podge vorbeiführt.

Wegen der Einbahnstraße müssen Sie mit dem Auto links vom Einkaufszentrum an der Tankstelle vorbeifahren, dann rechts abbiegen und anschließend die zweite Straße links in die Calle Playa de la Jacquete abbiegen. Parken Sie am Ende der Straße am Mast, dort beginnt auch der

Windräder sind zunehmend wichtigere Energierproduzenten

Weg. Unmittelbar links befindet sich der **Parque Eólico Cañada de la Barca,** eine Windfarm. Da im Süden von Fuerteventura wenig Getreide wächst, sieht man hier nur wenige konventionelle Windmühlen.

Häufig sind dagegen die Windturbinen, die rund 15 % der Elektrizität der Insel produzieren.

Wind

An einem windigen Tag sollten Sie auf diese Wanderung verzichten, da dann der Sand unangenehm durch die Kleidung dringt und in die Augen fliegt.

2–3

An dieser Stelle verlaufen mehrere Wege parallel zueinander quer über die Insel. Lassen Sie sich nicht irritieren, Sie alle führen nach Westen. Da die Wanderung sehr beliebt ist, werden Sie selten alleine unterwegs sein. In der Ferne liegen im Nordwesten einige Hügel und niedrigere Berge. Selbst bei Sonnenschein wirkt die Szenerie recht düster.

Der Boden, auf dem Sie gehen, ist eine Mischung aus einem alten Dünenfeld (*jable*) aus verhärtetem Sand und einem neuen Dünenfeld, das durch die beständig von der Westküste über den Isthmus wehenden Passatwinde aufge-

türmt wurde. Der Sand wird von kleinen, struppigen Pflanzen zusammengehalten, von denen sich die herumziehenden Ziegen ernähren.

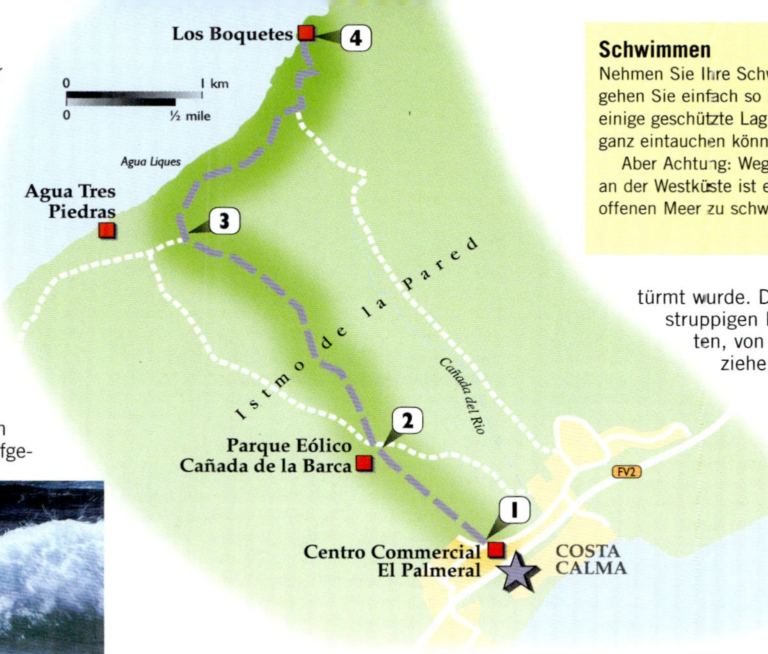

3–4

Sie erreichen die Westküste nach einer Wanderung von rund 40 Minuten beim Strand von **Agua Tres Piedras**. Achten Sie auf dem Weg zum Strand auf die seltsamen Erosionsformen in

Schwimmen

Nehmen Sie Ihre Schwimmsachen mit – oder gehen Sie einfach so ins Wasser. Es gibt hier einige geschützte Lagunen, in die Sie fast ganz eintauchen können.

Aber Achtung: Wegen der starken Strömungen an der Westküste ist es lebensgefährlich, im offenen Meer zu schwimmen!

Los Boquetes ④

Agua Tres Piedras ③

Agua Liques

0   1 km
0   ½ mile

I s t m o   d e   l a   P a r e d

Cañada del Rio

Parque Eólico Cañada de la Barca ②

Centro Commercial El Palmeral ①

COSTA CALMA

FV2

den wechselnden Schichten von Basalt und versteinertem Sand. Auch wenn es für das menschliche Auge kaum sichtbar ist, finden sich unten am Steilhang natürliche Quellen – ein willkommenes Wasserloch für Vögel und Vieh. Wandern Sie nun zum nächsten großen Strand weiter, wo ein »Totempfahl« aus Treibholz errichtet wurde; hier sind die Erosionsformen noch beeindruckender. Eine riesige Sanddüne läuft zum Meer hin aus. Ein kleines Stück weiter nördlich hat die hier einst fließende schwarze Lava ein Areal aus Lagunen und Felsentümpel entstehen lassen. Wie gewaltig das Meer ist, sehen Sie an den großen Wellen, die sich an den Felsen brechen und hoch in die Luft spritzen. Schwimmen kann man hier nicht – wer in den Felsentümpeln planschen will, sollte so wissen, dass darin viele große Krebse leben.

In fünf bis zehn Minuten erreichen Sie entlang der Küste wandernd **Los Boquetes,** eine herrliche kleine Bucht mit leuchtend roten Gesteinsschichten. Vom Ende der Bucht haben Sie einen schönen Blick über die Küste. Eine Steinmauer blockiert nun den Weg – es ist Zeit zum Umkehren.

4–1

Sie können nun entweder den gleichen Weg zurückgehen – womit Sie auf der sicheren Seite sind –, oder Sie kämpfen sich über die Dünen und kehren auf einem der Parallelwege nach Costa Calma zurück.

Die Strände an der Westküste sind zauberhaft, doch im Meer gibt es trügerische Strömungen

Kleine Pause

Nehmen Sie viel Wasser mit. Die *Fuerte Action Bar* im Einkaufszentrum El Palmeral eignet sich gut für ein Mittagessen oder für einen Imbiss am Ende Ihrer Wanderung.

Erdhörnchen und Trappen

Ornithologen sollten ein Auge auf die gefährdeten *hubara canarias* haben, eine Trappenart, die es nur auf den Kanaren und dort nur am Isthmus von La Pared gibt. Da der Vogel seines natürlichen Lebensraums beraubt wurde, hat sich die Population auf weniger als 400 Paare reduziert. Aber ein Lebewesen bekommen Sie mit Sicherheit zu Gesicht – das Erdhörnchen, das in den Felsen am Meer herumtollt.

Praktisches

REISEVORBEREITUNG

Internetseiten
- www.fuerteventura-infos.com ist eine gute deutsche Internetseite
- Ferner lohnen: www.fuerteventura.com (auf Englisch) und www.fuertenews.com auf Englisch mit einem wöchentlichen Magazin und der zugehörige Inselführer www.fuerteventuragrapevine.net

In Deutschland
Spanisches
Fremdenverkehrsamt
Kurfürstendamm 180
D-10707 Berlin
☎ 030 882 65 43

REISEVORBEREITUNG

WICHTIGE PAPIERE

● Erforderlich
○ Empfohlen
▲ Nicht erforderlich

	Deutschland	Österreich	Schweiz
Pass/Personalausweis	●	●	●
Visum	▲	▲	▲
Weiter- oder Rückflugticket	○	●	●
Impfungen (Tetanus und Polio)	▲	▲	▲
Krankenverversicherung (▶ 158, Gesundheit)	▲	▲	▲
Reiseversicherung	○	○	○
Führerschein (national)	●	●	●
Kfz-Haftpflichtversicherung	●	●	●
Fahrzeugschein	●	●	●

REISEZEIT

Fuerteventura

⬭ Hochsaison   ⬭ Nebensaison

JAN	FEB	MÄRZ	APRIL	MAI	JUNI	JULI	AUG	SEPT	OKT	NOV	DEZ
22°C	23°C	26°C	22°C	25°C	26°C	26°C	28°C	26°C	26°C	24°C	23°C

☀ Sonnig   ☁ Bedeckt   🌧 Regnerisch   ⛅ Wechselhaft

Die obigen Temperaturangaben beziehen sich auf die **durchschnittliche Tageshöchsttemperatur** in jedem Monat. Das Thermometer fällt selten unter 15 °C. Es herrscht ganzjährig ein frühlingshaftes Klima mit Temperaturen um 19 °C im Winter und 26 °C im Sommer. Das Meer hat im Januar 19 °C, im Sommer bis zu 24 °C. Der meiste Regen fällt im Norden, in den Bergen gelegentlich auch als Schnee. Ein Phänomen des Nordens ist das *mar de nubes* (»Wolkenmeer«). Dabei handelt es sich um niedrige Wolken, die der Passat heranweht. Typisch für den Sommer ist die *panza de burro* (»Eselsbauch«), ein grauer Dunst, der für die enorme Hitze verantwortlich ist. Hochsaison ist von November bis April, außerdem im Juli und August, wenn viele Familien aus Spanien hier Urlaub machen. Die ruhigsten Monate sind entsprechend Mai und Juni sowie September und Oktober.

ANREISE

Mit dem Flugzeug

Charterfluggesellschaften fliegen die Insel von vielen Flughäfen in Deutschland, Österreich und der Schweiz an. In der Regel handelt es sich um Pauschalreisen einschließlich einer Hotelbuchung, doch lassen sich auch reine Flüge buchen. Die Flugzeit liegt bei vier bis fünf Stunden.

Die spanische Fluglinie **Iberia** fliegt regelmäßig mit einer Zwischenlandung in Spanien nach Fuerteventura, entsprechend zeitaufwändig und teuer ist ein solcher Flug.

Eine günstige Alternative ist ein Billigflug nach Lanzarote. Von hier aus können Sie von Puerto del Carmen oder Playa Blanca mit dem Schiff nach Corralejo (► unten) übersetzen.

Von Insel zu Insel

Mit dem Flugzeug: Binter Canarias (www.binternet.com) bietet täglich Flüge von Fuerteventura zu den anderen Kanarischen Inseln an.

Mit dem Schiff: Regelmäßige Schiffsverbindungen bestehen von Puerto del Rosario nach Las Palmas auf Gran Canaria, von Morro Jable und Corralejo nach Arrecife auf Lanzarote und von Morro Jable nach Puerto de la Cruz auf Teneriffa (Naviera Armas, Tel. 902 456 500, www.naviera-armas.com).

Außerdem gibt es sowohl eine Verbindung von Corralejo nach Playa Blanca als auch nach Puerto del Carmen auf Lanzarote.

ZEIT

Auf den Kanarischen Inseln gilt die Westeuropäische Zeit (WEZ), d.h. die Uhren müssen um eine Stunde zurückgestellt werden. Die Sommerzeit beginnt am letzten Sonntag im März und endet am letzten Sonntag im Oktober.

WÄHRUNG

Währung: Wie in Spanien gilt auf Fuerteventura der Euro.

Kredit- und Scheckkarten: Beide Kartentypen werden fast überall akzeptiert. Auch Reiseschecks werden meist angenommen; günstiger ist es allerdings, sie gegen Bargeld einzutauschen.

Geldwechsel: Banken bieten bei Bargeld und Reiseschecks die besten Wechselkurse, die Gebühren differieren allerdings erheblich. Wer Reiseschecks einlösen möchte, muss seinen Pass vorlegen. Man bekommt in den Banken auch Geld auf Kredit- und Scheckkarten; eingeführt sind MasterCard und Visa. Mit diesen beiden Karten lässt sich an allen Geldautomaten Geld abheben (denken Sie an Ihre Geheimnummer!). Den Service stellt die Bank dann zu Hause in Rechnung. Es ist auch möglich, in Wechselstuben und Hotels Geld zu wechseln.

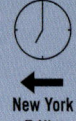

GMT	Puerto del Rosario	Madrid	Berlin	New York
12 Uhr	12 Uhr	13 Uhr	13 Uhr	7 Uhr

DAS WICHTIGSTE VOR ORT

KONFEKTIONSGRÖSSEN

Spanien	Deutschland	
46	46	**Anzüge**
48	48	
50	50	
52	52	
54	54	
56	56	
8	41	**Schuhe**
8,5	42	
9,5	43	
10,5	44	
11,5	45	
12	46	
37	37	**Hemden**
38	38	
39/40	39/40	
41	41	
42	42	
43	43	
34	34	**Kleider**
36	36	
38	38	
40	40	
42	42	
44	44	
6	38	**Schuhe**
6,5	38	
7	39	
7,5	39	
8	40	
8,5	41	

FEIERTAGE

1. Januar	Neujahrstag
6. Januar	Heilige Drei Könige (Epiphanie)
2. Februar	Mariä Lichtmess
19. März	Josefitag
März/April	Karfreitag, Ostermontag
1. Mai	Tag der Arbeit
30. Mai	Tag der Kanaren
Mai/Juni	Fronleichnam
25. Juli	Johannistag
15. August	Mariä Himmelfahrt
12. Oktober	Spanischer Nationalfeiertag
1. November	Allerheiligen
6. Dezember	Tag der Verfassung
8. Dezember	Mariä Empfängnis
25. Dezember	Weihnachten

ÖFFNUNGSZEITEN

- ○ Geschäfte
- ● Behörden
- ● Banken
- ● Postämter
- ● Museen
- ● Apotheken

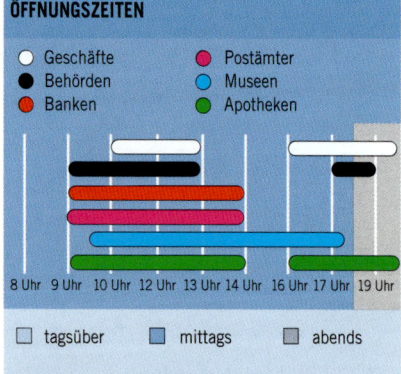

8 Uhr 9 Uhr 10 Uhr 12 Uhr 13 Uhr 14 Uhr 16 Uhr 17 Uhr 19 Uhr

- ☐ tagsüber
- ☐ mittags
- ☐ abends

Geschäfte: In den Ferienorten sind die Geschäfte meist ganztägig geöffnet. Am Sonntag haben fast alle Läden zu. Auf dem Land wird vielfach die Siesta eingehalten, die Läden schließen dann um 13 Uhr und öffnen ein zweites Mal von 17 bis 20 Uhr.

Banken: Sie sind generell sonntags geschlossen.

Restaurants: Viele Lokale in den größeren Ferienorten haben durchgängig von etwa 10 Uhr bis Mitternacht geöffnet.

Museen und Sehenswürdigkeiten: Die meisten Museen sind Di–Fr und So von 9.30 bis 17.30 Uhr geöffnet.

POLIZEI / FEUERWEHR / KRANKENWAGEN: 112

SICHERHEIT

Auf Fuerteventura stellt Kriminalität kein Problem dar. Das größte Risiko ist, von einem anderen Touristen bestohlen zu werden. Legen Sie also alle Habseligkeiten beim Parken in den Kofferraum. Überprüfen Sie beim Verlassen Ihres Apartments immer, ob alle Fenster und Türen verriegelt sind.

Im Notfall erreicht man die Polizei unter 112 von jeder Telefonzelle.

Polizei:
☎ **112** von jedem Telefon

TELEFONIEREN

Am billigsten telefoniert man von einem *locutorio*. Sie finden sie überall auf der Insel, u.a. in Einkaufszentren oder in Souvenirläden. Dort bekommt man eine Telefonkabine zugewiesen und bezahlt nach dem Gespräch die fällig gewordenen Gebühren. Ein 20-minütiges Telefonat zum europäischen Festland kostet nur ein paar Euro.

Öffentliche Telefone gibt es an jeder Straßenecke mit einer mehrsprachigen Bedienungsanleitung; sie funktionieren meist mit Telefonkarten *(tarjetas telefónicas)*, die in diversen Geschäften erhältlich sind. Am billigsten telefoniert man zwischen 22 und 8 Uhr und sonntags.

Internationale Vorwahlnummern:	
Deutschland:	00 49
Österreich:	00 43
Schweiz:	00 41
Spanien:	00 34

POST

Briefkästen sind gelb und haben einen eigenen Einwurf für die Post ins Ausland *(extranjero)*. Briefmarken *(sellos)* werden in Postämtern, Hotels, Kiosken, Tabakläden und einigen Läden, die Postkarten verkaufen, angeboten.

Eine Postkarte ist etwa sieben bis zwölf Tage unterwegs.

ELEKTRIZITÄT

Die Stromspannung liegt bei 220/235 Volt. Die Steckdosen entsprechen der in Europa üblichen Norm.

TRINKGELD

Nicht für alle Dienstleistungen wird ein Trinkgeld erwartet, generell fällt der Betrag meist niedriger als zu Hause aus. Als Faustregel gilt:

Restaurants	5–10%
Cafés/Kneipen	nach Ermessen
Reiseleiter	nach Ermessen
Taxi	10%
Friseur	10%
Hotelpersonal	10%
Toiletten	nach Ermessen

Zuständige KONSULATE auf den Kanaren

Österreich
Las Palmas de Gran Canaria
☎ 928 762 500

Deutschland
Las Palmas de Gran Canaria
☎ 928 491 880

Schweiz
Las Palmas de Gran Canaria
☎ 928 261 751

GESUNDHEIT

Krankenversicherung: EU-Bürger mit einer europäischen Krankenversicherungskarte haben Anspruch auf Behandlung. Eine zusätzliche private Reisekrankenversicherung ist ratsam und ist für Reisende aus der Schweiz erforderlich.

Zahnarzt: Zahnärztliche Behandlung ist generell zu bezahlen. Reisekrankenversicherungen übernehmen die Kosten.

Wetter: Wer aus kühleren Gefilden kommt, ist durch die hohe Sonneneinstrahlung besonders gefährdet. Denken Sie deshalb an eine Sonnencreme mit hohem Lichtschutzfaktor, und trinken Sie viel. Kinder, die am Strand spielen, müssen besonders geschützt werden, da Meer und Sand die Strahlung zusätzlich reflektieren.

Medikamente: In den Apotheken *(farmacias)* – zu erkennen am grünen Kreuz – gibt es frei verkäufliche und rezeptpflichtige Medikamente. Außerhalb der Geschäftszeiten verweist ein Schild an der Tür auf die nächste offene Apotheke.

Trinkwasser: Man kann das Wasser aus dem Wasserhahn bedenkenlos trinken, es weist allerdings einen hohen Salzgehalt auf. Mineralwasser *(agua mineral)* kann man überall preiswert erwerben, Supermärkte bieten es in Fünf-Liter-Containern an.

ERMÄSSIGUNGEN

Studenten: Die Kanaren sind generell kein typisches Reiseziel für Rucksacktouristen, entsprechend wenig Ermäßigungen gibt es für Studenten. Jugendherbergen und Zeltplätze sind nicht vorhanden. Auf Lobos befindet sich ein einfacher Zeltplatz.

Senioren: Fuerteventura ist ein beliebtes Ziel älterer Reisender, die vor allem das milde Winterklima schätzen. Einige Hotels und Apartmentanlagen locken bei Langzeitaufenthalten mit Ermäßigungen. Erkundigen Sie sich nach Seniorenreisen.

EINRICHTUNGEN FÜR BEHINDERTE

In Spanien müssen alle neuen Bauwerke mit einem Rollstuhlzugang ausgestattet sein, doch ältere Hotels, Apartmentanlagen und öffentliche Gebäude sind vielfach nicht oder schlecht zugänglich. Einige Busse haben einen auf Bodenhöhe absenkbaren Einstieg und sind dadurch für Rollstuhlfahrer geeignet. Vor der Buchung einer Reise erkundigen.

KINDER

Hotels und Lokale sind generell sehr kinderfreundlich. Viele Hotels haben Spielplätze, Parkanlagen, Minigolf und ein extra Kinderschwimmbecken. Einige Reiseveranstalter bieten Clubs und Veranstaltungen für Kinder im Rahmen des Urlaubsprogramms an. Wickelräume sind dagegen selten zu finden.

TOILETTEN

Es gibt in Einkaufszentren und an einigen größeren Stränden öffentliche Toiletten *(asesos, servicios)*. Museen und Lokale helfen weiter.

ZOLL

Die Ausfuhr von Andenken, für die Teile von seltenen oder gefährdeten Arten verwendet wurden, ist verboten oder bedarf einer Genehmigung. Man sollte sich über die Zollbestimmungen informieren.

Sprachführer

Ja/nein **Sí/no**
Bitte **Por favor**
Danke **Gracias**
Keine Ursache/gern geschehen
  De nada
Hallo **Hola**
Auf Wiedersehen **Adiós**
Guten Morgen **Buenos días**
Guten Tag (nach 12 Uhr)
  Buenas tardes
Guten Abend **Buenas noches**
Wie geht's? **¿Qué tal?**
Wie viel kostet das? **¿Cuánto vale?**
Tut mir Leid **Lo siento**
Verzeihung **Perdone**
Ich würde gern… **Me gustaría…**
Geöffnet **Abierto**
Geschlossen **Cerrado**

Heute **Hoy**
Morgen **Mañana**
Gestern **Ayer**
Montag **Lunes**
Dienstag **Martes**
Mittwoch **Miércoles**
Donnerstag **Jueves**
Freitag **Viernes**
Samstag **Sábado**
Sonntag **Domingo**

NACH DEM WEG FRAGEN

Ich habe mich verlaufen
  Me he perdido
Wo ist…? **¿Dónde está…?**
Wie komme ich…? **¿Cómo se va…?**
  zur Bank **al banco**
  zur Post **a la oficina de correos**
  zum Bahnhof **a la estación de
  trenes**

Wo sind die Toiletten?
  ¿Dónde están los servicios?
Links **a la izquierda**
Rechts **a la derecha**
Geradeaus **todo recto**
An der Ecke **en la esquina**
An der Ampel **en el semáforo**
An der Kreuzung **en la intersección**

IM NOTFALL

Hilfe! **¡Socorro!/¡Ayuda!**
Könnten Sie mir bitte helfen?
  ¿Podría ayudarme, por favor?
Sprechen Sie deutsch?
  ¿Habla alemán?
Ich verstehe (Sie) nicht **No entiendo**
Ich spreche nicht spanisch
  No hablo español
Könnten Sie bitte einen Arzt rufen?
  **¿Podría llamar a un médico, por
  favor?**

ÜBERNACHTEN

Haben Sie ein Einzel-
  /Doppelzimmer? **¿Le queda alguna
  habitación individual/doble?**
  mit/ohne Bad/WC/Dusche
  **con/sin baño propio/lavabo
  propio/ducha propia**
Ist das Frühstück inbegriffen?
  ¿Incluye desayuno?
Kann ich mir das Zimmer ansehen?
  ¿Puedo ver la habitación?
Ich nehme das Zimmer **Me quedo
  con esta habitación**
Den Schlüssel von Zimmer…, bitte
  **La llave de la habitación…, por
  favor**
Danke für Ihre Gastfreundschaft
  Muchas gracias por su hospitalidad

ZAHLEN

1	uno	11	once	21	veintiuno	200	doscientos
2	dos	12	doce	22	veintidós	300	trescientos
3	tres	13	trece	30	treinta	400	cuatrocientos
4	cuatro	14	catorce	40	cuarenta	500	quinientos
5	cinco	15	quince	50	cincuenta	600	seiscientos
6	seis	16	dieciséis	60	sesenta	700	setecientos
7	siete	17	diecisiete	70	setenta	800	ochocientos
8	ocho	18	dieciocho	80	ochenta	900	novecientos
9	nueve	19	diecinueve	90	noventa	1000	mil
10	diez	20	veinte	100	cien		

IM RESTAURANT

Ich würde gern einen Tisch reservieren
Quisiera reservar una mesa
Haben Sie einen Tisch für zwei
Personen, bitte? **¿Tienen una mesa
para dos personas, por favor?**
Würden Sie uns bitte die Speisekarte
bringen? **¿Nos podría traer la carta,
por favor?**
Die Rechnung, bitte **La cuenta, por
favor**
Bedienung inklusive **Servicio incluido**

Frühstück **el desayuno**
Mittagessen **el almuerzo**
Abendessen **la cena**
Tisch **la mesa**
Kellner/Kellnerin
  camarero/camarera
Vorspeise **las entradas**
Hauptgericht **el plato principal**
Nachspeise **el postre**
Tagesgericht **el plato del día**
Rechnung **la cuenta**

SPEISEKARTE

aceituna Olive
ajo Knoblauch
alcachofa
  Artischocke
almejas Muscheln
almendras Mandeln
anguila Aal
arroz Reis
atún/bonito
  Thunfisch

bacalao Kabeljau
berenjena
  Aubergine
biftec Steak
bocadillo Sandwich
boquerones
  Sardellen

calamares
  Tintenfisch
caldo Fleischbrühe
callos Kutteln
cangrejo Krebs
cebolla Zwiebel
cerdo
  Schweinefleisch
cerezas Kirschen
cerveza Bier
champiñones
  Champignons
chorizo würzige
  Wurst
chuleta Kotelett
churros
  Brandteiggebäck
ciruela Pflaume
cochinillo asado
  Spanferkel
codorniz Wachtel

conejo Kaninchen
cordero Lamm
crema Sahne
criadillas Bries
crudo roh

endibia Chicorée
ensalada (mixta)
  gemischter Salat
ensaladilla rusa
  russischer Salat
espárragos Spargel
espinaca Spinat

fideos Nudeln
filete Filet
flan Pudding
frambuesa
  Himbeere
fresa Erdbeere
fruta (de temporada)
  Obst (der Saison)

galleta Keks
gambas Shrimps
garbanzos
  Kichererbsen
gazpacho andaluz
  Gazpacho (kalte
  Gemüsesuppe)
grosellas
  rote/schwarze
  Johannisbeeren
guisantes Erbsen

habas dicke Bohnen
helado Eis
hígado de oca
  Gänseleber

**huevos fritos/
  revueltos**
  Spiegelei/Rührei

jamón Schinken
judías verdes
  grüne Bohnen
jugo Obstsaft

langosta Hummer
langostino Languste
leche Milch
lechuga Kopfsalat
legumbres Gemüse
lengua Zunge
lenguado Seezunge
liebre Hase
lomo de cerdo
  Schweinelende

manzana Apfel
mariscos
  Meeresfrüchte
mejillones
  Miesmuscheln
melocotón Pfirsich
melón Melone
merluza Seehecht
mero Seebarsch
morcilla Blutwurst

pan Brot
panceta durch-
  wachsener Speck
pato Ente
pepino Gurke
pepinillo Essiggurke
pera Birne
perdiz Rebhuhn
perejil Petersilie

pez espada
  Schwertfisch
pescado Fisch
pimientos Paprika
piña Ananas
plátano Banane
pollo Huhn
puerro
  Lauch/Porree
pulpo Tintenfisch

queso Käse

rape Seeteufel
riñones Nieren
rodaballo Steinbutt

salchicha
  Würstchen
salchichón
  Hartwurst
salmón Lachs
salmonete
  Meerbarbe
solomillo Lende
sopa Suppe

tortilla española
  Omelette mit
  Kartoffeln
tortilla francesa
  Omelette natur
trucha Forelle

verduras grünes
  Gemüse

zanahorias
  Karotten

Reiseatlas

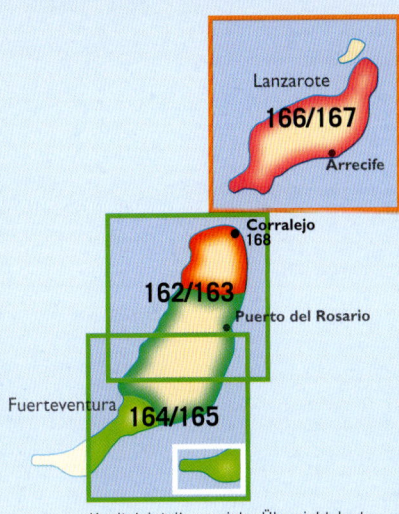

Lanzarote
166/167
Arrecife

Corralejo
168

162/163

Puerto del Rosario

Fuerteventura
164/165

Las Palmas
169

Gran Canaria

Kapiteleinteilung: siehe Übersichtskarte
auf den Umschlaginnenseiten

Reiseatlas

Hauptstrecke		Große Stadt	
Autobahn		Wichtige Stadt	
Hauptstraße		Stadt	
Nebenstraße		Dorf	
Fernwanderweg		Sehenswürdigkeit (im Text)	
National-/Regionalpark		Sehenswürdigkeit	
Stadtgebiet		Flughafen	

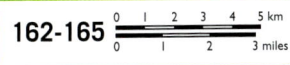

162-165   0 1 2 3 4 5 km
              0   1   2   3 miles

166/167   0 1 2 3 4 5 km
              0   1   2   3 miles

Cityplan

Autobahn		Park	
Hauptstraße		Wichtiges Gebäude	
Nebenstraße		Sehenswürdigkeit (im Text)	
Fähre		Information	

168   0   50 100 150 200 250 Meter
          0   50 100 150 200 250 Yards

169   0   250   500   750 Meter
          0   250   500   750 Yards

Punta Blanca

Punta de Tostón
o de la Ballena

Caleta del Río

Playa de Marfolín

El Cotillo   El Roque   FV10?

Laderas de la Manta

Playa del Castillo

Playa del Aljibe de la Cueva

Playa del Águila

Punta de Taca

Playa de Esquinzo

309m
▲ Montaña
de la Blanca

Barranco de Esquinzo

Punta de Paso Chico

Playa de Tebeto

Tindaya

Playa de la Mujer

Playa de Jarubio

Monumento a Don
Miguel de Unamuno ▲
El Malpaís Delgado   366m ■
Montaña
Quemada

251m
▲ Montaña
Blanca

FV207

Los Molinos

Barranco de los Molinos

FV221   Tefía

Ecomuseo de
La Alcogida

316m   Tefía de
Arriba

326m
Atalaya de
Risco Grande

Montaña
Bermeja

417m
▲ Montaña
de Tao

*Embalse de
los Molinos*

FV207

Playa de los Mozos
Playa de Santa Inés
Playa del Valle

Bco. de los Mozos

542m
▲ Montaña
del Campo

FV30

Llanos de la
Concepción

Casas de
Almácigo

La Ampuyenta

Residencia
Aguas Verdes

Punta de los Caletones

Valle de
Santa Inés

164

Barranco de Janey

Mirador
de Morro
Veloso

FV416   **165**   FV20

666m
▲ Morro de la
Fuente Vieja

Maninubre   Centro de
Artesanía
Molino

Punta de la Herradura

Punta del Tarajalito

419m
▲ Montaña
Aceituno

Convento de
San Buenaventura

FV413

Betancuria

Antigua

Caleta Negra

Bco. de Madre del Agua

670m
▲ Morro Tabaiba

724m
▲ Montaña
Atalaya

674m
▲ Morro Janana

FV30

Valles de
Ortega

FV50

Ajuy

Playa de los Muertos

FV621   Vega de
Río Palmas

FV415

Ermita de Virgen
de la Peña

Iglesia de
Nuestra
Señora
de la Peña

708m
Gran ▲
Tarajal

Agua de
Bueyes

Casillas
de Morales

Playa de la Solapa

FV30

463m
▲ Montaña
Gairía

FV20

Iglesia Nuestra
Señora de Regal

Centro de
Interpretación
de los Molinos

*Playa de
Garcey*

416m
▲ Montaña
Mézquez

273m
▲ Montaña

Toto

Pájara

Tiscamanita
Cruz de Piedra

American Star

Playa Blanca (Lanzarote)
Puerto del Carmen (Lanzarote)

Parque Natural
del Islote
de Lobos
Montaña
de la Caldera
127m
Punta Martiño
Playa de la Arena
Isla de Lobos
El Puertito

Punta de
los Lavaderos
Punta
Lala
Punta Gorda

Majanicho
Corralejo
Playa de
la Calera
Punta de Tivas
Flag Beach

Sendero de
Bayuyo
271m
Volcán de
Bayuyo
Puerto
Remedio

162m
Calderón
Hondo
FV101
Playa Bajo Negro
Playa de los Matas

Lajares
FV109
Playa del Moro
Playa Alzada

La Rosita
FV101
232m
Montaña
de la Lengua
Parque
Natural
de las Dunas
de Corralejo
FV1
Playita del Poris

421m
Montaña
de Arena
Villaverde
353m
314m
Montaña
Roja
Playa de la Cabezuela

533m
Montaña
de Caima
Montaña
de Ecanfraga
Playa de los Picachos

Montaña
Tindaya
FV10
La Oliva
387m
Montaña
de Frontón
Parque
Holandés
Casas del
Jablito

509m
Morro
Carnero
Valle de Fimapaire
Punta del
Tarajalito

Vallebrón
Cardereta
Casas de las
Llanadas
Playa de los Valdivias

689m
Montaña
de la Muda
Barranco de Vallebrón
Barranco de Tinojay

La Matilla
Guisguey
FV1
Cabo del Agua

688m
Cerro de
Aceituna
FV10
511m
Cerro de
Temejereque
El Time
FV214
Playito del Charquito

Tetir
Los Enstancos
FV10
Bco de Monja
Puerto Lajas

595m
Pico de la
Fortaleza
La Asomada
FV3
Urbanización
Rosa de la Monja

439m
FV225
Majada Marcial
FV10
Arrecife (Lanzarote)

Tesjuates
FV20
P I Risco Prieto
**PUERTO
DEL ROSARIO**
FV3

Casillas
del Ángel
FV20
276m
Montaña de
las Veredas
FV3
Los
Pozos
Llano del
Sol
Las Palmas
(Gran Canaria)

Llano
Pelado
Barranco de Rio Cabras
FV2

FV413
596m
Rosa del
Taro
483m
Morro
Pinacho
165
El Matorral

Triquivijate
Barranco de Jenejey
Muley

Barranco de la
Nuevo
Horizonte

417m
Buenavista
193m
Montaña Blanca
de Abajo
FV2
**Caleta de
Fuste**

Casas de
Majada Blanca
Casas de
El Cortijo
FV2
Salinas del
Carmen

FV50
497m
Puerto de la Torre
Playa del Muellito

FV2
433m
Barranco de Monte Agudo

Lanzarote

La Isleta

La Santa

LZ20

Piedra
Mansa

El
Cuchillo

Tenesar

Tinajo

LZ20

Mancha
Blanca

LZ46

Punta de
la Ensenada

312m

LZ67

Centro de Visitantes e
Interpretación
de Mancha Blanca

LZ56

459m

LZ58

PARQUE NACIONAL DE TIMANFAYA

Montañas del
Fuego de Timanfaya

507m

511m

Echadero de
los Camellos

LZ30

El Golfo

LZ67

La Geria

Charco de
los Clicos

LZ30

603m

La Asomada

LZ702

LZ704

Uga

La Geria

Los Hervideros

Mácher

La Hoya

Yaiza

LZ2

Mácher
Bajo

LZ505

Salinas de
Janubio

Las
Breñas

609m

Las Casitas

La Tiñosa

Puerto del
Carmen

LZ702

Femés

Puerto Calero

Punta
de Piedra Alta

Playa Quemada

Bahía de Ávila

Punta Gorda

LZ701

El Rubicón

Los Ajaches

Corralejo (Fuerteventura)

Punta Ginés

LZ2

561m

La Punta
del Carajao

145m

Montaña Roja

Las Coloradas

Montaña Roja

Playa
Blanca

Punta
Pechiguera

Corralejo (Fuerteventura)

Punta del Papagayo

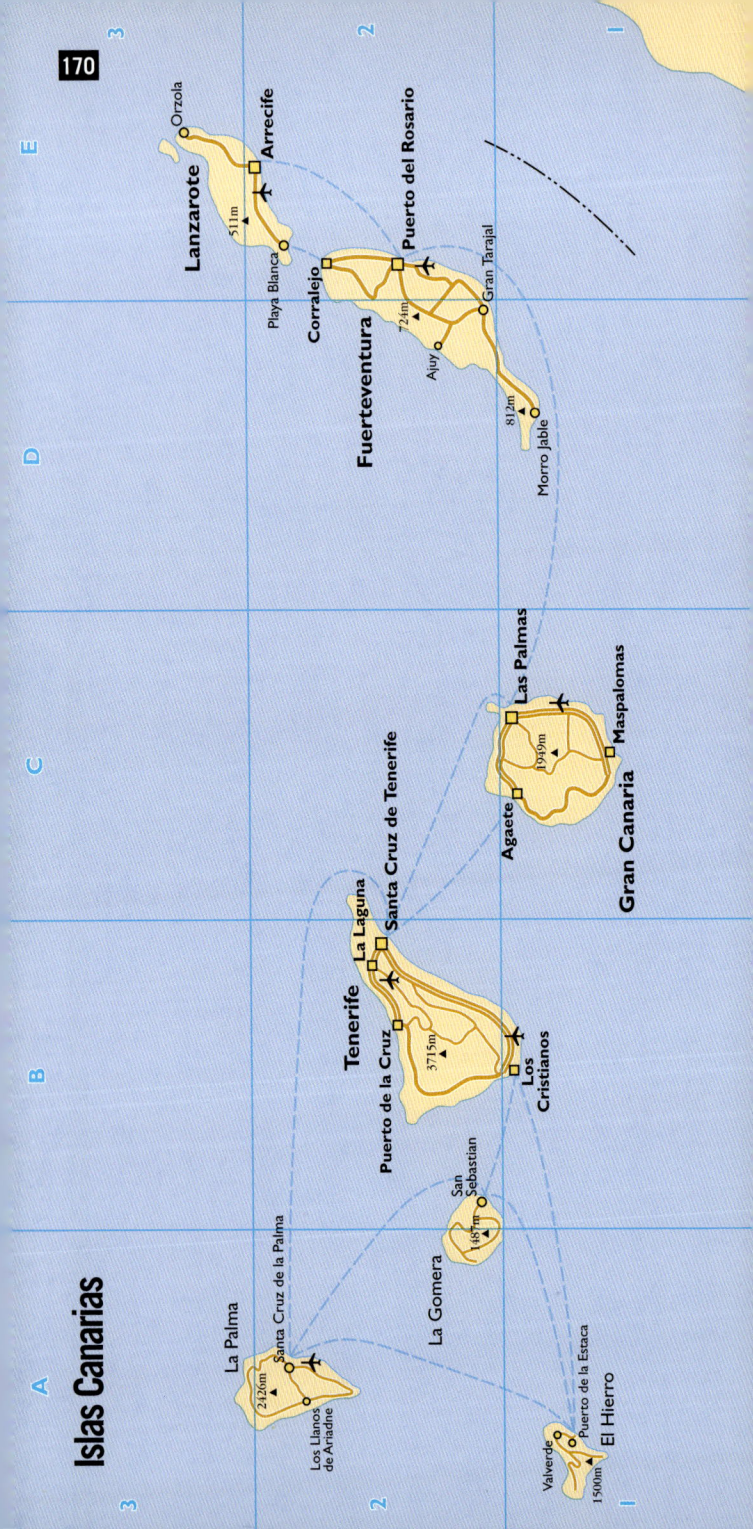

Islas Canarias

Lanzarote

Orzola

Arrecife

511m

Playa Blanca

Corralejo

Puerto del Rosario

Fuerteventura

24m

Ajuy

Gran Tarajal

812m

Morro Jable

Las Palmas

Maspalomas

1949m

Agaete

Gran Canaria

Santa Cruz de Tenerife

La Laguna

Tenerife

Puerto de la Cruz

3715m

Los Cristianos

San Sebastian

1487m

La Gomera

La Palma

Santa Cruz de la Palma

2426m

Los Llanos
de Arīade

Puerto de la Estaca

El Hierro

Valverde

1500m

Puerto de la Estaca

Register

172 **Register**

Register 173

Abbildungsnachweis

Die Automobile Association dankt den nachfolgend genannten Fotografen und Bildagenturen für ihre Unterstützung bei der Herstellung dieses Buches:
Umschlag: (o) AA World Travel Library/James A Tims; (u) AA World Travel Library/Clive Sawyer
Bridgeman Art Library West Coast of Africa, von Lissabon nach Sierra Leone, aus dem 'Atlas de Toutes les Parties Connues du Globe Terrestre' von Guillaume Raynal (1713–96) veröffentlicht in Genua, 1780 (farbig gestaltet), Bonne, Charles Marie Rigobert (1727–95)/Private Sammlung, Ken Welsh/Bridgeman Art Library 9 Hintergrund; FLPA 24u; © DACS, 2005 116, 117o, 117m; Mary Evans Picture Library 9m, 10 Hintergrund, 10o; NATURE PICTURE LIBRARY 26o; NHPA 26u; Photodisc 12/13o, 12m, 14l, 14r, 14u, 23o; TopFoto (www.topfoto.co.uk) 9o
Alle übrigen Fotos befinden sich im Besitz des AA Bildarchivs (AA WORLD TRAVEL LIBRARY) und stammen von JAMES A. TIMS, mit folgenden Ausnahmen: 11m, 127, 128, 129, 129u, 131, 132u, 133o, 133u von PETE BENNETT; 18o von MICHELLE CHAPLOW; 5, 7o, 13o, 13u, 17u, 19o, 21ul, 23u, 25u, 27u, 32/33o, 34m, 34u, 48o, 65, 68m, 68u, 69o, 69m, 70m, 72o, 75u, 89m, 91o, 92om, 92m, 112m, 112u, 117o, 117m, 120u, 121u, 123, 139, 145l, 148, 151 von STEVE DAY; 2, 6/7 Hintergrund, 6u, 7m, 8, 18u, 19, Hintergrund, 8o, 20o, 32m, 35, 66ul, 70u, 76u, 77, 86, 110, 112o, 122, 130, 134, 145 von CLIVE SAWYER und 26/27 von STEVE WATKINS
Abkürzungen: (o) oben; (u) unten; (l) links; (r) rechts; (m) Mitte

Leserbefragung

Ihre Ratschläge, Urteile und Empfehlungen sind für uns sehr wichtig. Wir bemühen uns, unsere Reiseführer ständig zu verbessern. Wenn Sie sich ein paar Minuten Zeit nehmen, diesen kleinen Fragebogen auszufüllen, könnten Sie uns sehr dabei helfen.

Wenn Sie diese Seite nicht herausreißen möchten, können Sie uns auch eine Kopie schicken, oder Sie notieren Ihre Hinweise einfach auf einem separaten Blatt.

Bitte senden Sie Ihre Antwort an:
NATIONAL GEOGRAPHIC SPIRALLO-REISEFÜHRER, MAIRDUMONT GmbH & Co. KG,
Postfach 31 51, D-73751 Ostfildern;
E-Mail: spirallo@nationalgeographic.de

Über dieses Buch ...
NATIONAL GEOGRAPHIC SPIRALLO REISEFÜHRER- **Fuerteventura**

Wo haben Sie das Buch gekauft?_____

Wann? Monat / Jahr

Warum haben Sie sich für einen Titel dieser Reihe entschieden?_____

_____

_____

_____

_____

_____

_____

_____

Wie fanden Sie das Buch?

Hervorragend ☐   Genau richtig ☐   Weitgehend gelungen ☐   Enttäuschend ☐

Können Sie uns Gründe angeben?

_____

_____

_____

_____

_____

_____

_____

_____

Bitte umblättern ...

Hat Ihnen etwas an diesem Führer ganz besonders gut gefallen?

_____

_____

_____

_____

_____

Was hätten wir besser machen können?

_____

_____

_____

_____

_____

_____

Persönliche Angaben

Name _____

Adresse _____

_____

_____

Zu welcher Altersgruppe gehören Sie?
Unter 25 ☐   25–34 ☐   35–44 ☐   45–54 ☐   55–64 ☐   Über 65 ☐

Wie oft im Jahr fahren Sie in Urlaub?
Seltener als einmal ☐   Einmal ☐   Zweimal ☐   Dreimal oder öfter ☐

Wie sind Sie verreist?
Allein ☐   Mit Partner ☐   Mit Freunden ☐   Mit Familie ☐

Wie alt sind Ihre Kinder? _____

Über Ihre Reise …

Wann haben Sie die Reise gebucht? Monat / Jahr

Wann sind Sie verreist? Monat / Jahr

Wie lange waren Sie verreist? _____

War es eine Urlaubsreise oder ein beruflicher Aufenthalt? _____

Haben Sie noch weitere Reiseführer gekauft?   ☐ Ja   ☐ Nein

Wenn ja, welche? _____

_____

Herzlichen Dank dafür, dass Sie sich die Zeit genommen haben, diesen Fragebogen auszufüllen.